AF289145

Erich Mühsam

Kleine Prosa 1898-1928

Erich Mühsam: Kleine Prosa 1898-1928

Neuausgabe mit einer Biographie des Autors
Herausgegeben von Karl-Maria Guth
Berlin 2016

Der Text dieser Ausgabe folgt:
Erich Mühsam: Ausgewählte Werke, Bd.1: Gedichte. Prosa. Stücke, Bd.
2: Publizistik. Unpolitische Erinnerungen, Berlin: Volk und Welt, 1978.

Die Paginierung obiger Ausgabe wird hier als Marginalie zeilengenau
mitgeführt.

Umschlaggestaltung von Thomas Schultz-Overhage unter Verwendung
des Bildes: Unbekannter Fotograf, Erich Mühsam, 1928

Gesetzt aus der Minion Pro, 11 pt

Verlag: Henricus - Edition Deutsche Klassik GmbH
Mörchinger Str. 33, 14169 Berlin, info@henricus-verlag.de
Druck: Libri Plureos GmbH, Friedensallee 273, 22763 Hamburg

Die Ausgaben der Sammlung Hofenberg basieren auf zuverlässigen
Textgrundlagen. Die Seitenkonkordanz zu anerkannten Studienausgaben
machen Hofenbergtexte auch in wissenschaftlichem Zusammenhang
zitierfähig.

ISBN 978-3-8430-9179-4

Bibliografische Information der Deutschen Nationalbibliothek

Die Deutsche Nationalbibliothek verzeichnet diese Publikation in der
Deutschen Nationalbibliografie; detaillierte bibliografische Daten sind
im Internet über www.dnb.de abrufbar.

Inhalt

Selbstbiographie

I

Auszug aus einem Manuskript vom Jahr 1919:

Nicht die äußeren Daten eines Lebenslaufs geben das Bild eines Schicksals, sondern die inneren Wandlungen eines Menschen bezeichnen seine Bedeutung für die Mitwelt. Nur im Zusammenhang mit dem Weltgeschehen haben die Begebenheiten im Leben des einzelnen Interesse für die Gesamtheit. Wessen Privatleben niemals die Zentren des Gesellschaftslebens berührt, dessen Biographie kann für Seelenforscher höchst wichtig sein, die Allgemeinheit geht sie nichts an.

Wäre meine Lyrik als Ausdruck meiner Gesamtpersönlichkeit alles, was ich den Volksgenossen zu bieten hätte, dann hätte ich der Aufforderung, eine Selbstbiographie zu schreiben, in der Weise entsprochen, daß ich den Literaturhistorikern Gelegenheit gegeben hätte, mich zu klassifizieren: Geboren 6. April 1878 in Berlin; Kindheit, Jugend, Gymnasialbesuch in Lübeck; unverständige Lehrer, niemand, der die Besonderheit des Kindes erkannt hätte, infolgedessen: Widerspenstigkeit, Faulheit, Beschäftigung mit fremden Dingen. Frühzeitige Dichtversuche, die weder in der Schule noch im Elternhause Förderung finden, im Gegenteil als Ablenkung von der Pflicht betrachtet werden und deshalb im geheimen geübt werden müssen. Dummejungenstreiche, zuletzt – als Untersekundaner – geheime Berichte über Schulinterna an die sozialdemokratische Zeitung; daher wegen »sozialistischer Umtriebe« Relegation. Ein Jahr Obersekunda in Parchim (Mecklenburg), dann Apothekerlehrling in Lübeck; 1900 Apothekergehilfe an verschiedenen Orten, zuletzt in Berlin. Als freier Schriftsteller Teilnahme an der Neuen Gemeinschaft der Brüder Hart; Bekanntschaft mit vielen öffentlich sichtbaren Persönlichkeiten. Freundschaft mit Gustav Landauer, Peter Hille, Paul Scheerbart und anderen. Bohemeleben; Reisen in der Schweiz, in Italien, Österreich, Frankreich; schließlich 1909 dauernder Wohnsitz in München; Kabarettätigkeit, Theaterkritik, schriftstellerische Tätigkeit, meist polemisch-essayistisch. Freundschaftlicher Verkehr mit Frank Wedekind und vielen andern Dichtern und Künstlern. Drei Gedichtbände, vier Theaterstücke; 1911–14 Herausgeber der literarisch-revolutionären Monatsschrift »Kain. Zeitschrift für Menschlichkeit«, die vom November 1918 bis April 1919 als reines Revolutionsorgan in neuer Folge erschien. Seitdem in den Händen der konterrevolutionären bayerischen Staatsgewalt.

Mit diesen Mitteilungen wäre meine Biographie erschöpft, wenn ich mein Leben allein in meinen literarischen Leistungen charakterisiert sähe. Aber ich betrachte meine schriftstellerische Arbeit, vor allem meine dichterischen Erzeugnisse, nur als das Archiv meiner seelischen Erlebnisse, als Teilausdruck meines Temperaments. Das Temperament eines Menschen ist die Summe der Stimmungen, die Hirn und Herz von den Ausströmungen der Umwelt empfangen. Das meinige ist revolutionär. Mein Werdegang und meine Lebenstätigkeit wurden bestimmt von dem Widerstand, den ich von Kindheit an den Einflüssen entgegensetzte, die sich mir in Erziehung und Entwicklung im privaten und gesellschaftlichen Leben aufzudrängen suchten. Die Abwehr dieser Einflüsse war von jeher der Inhalt meiner Arbeit und meiner Bestrebungen.

Im Staat erkannte ich früh das Instrument zur Konservierung all der Kräfte, aus denen die Unbilligkeit der gesellschaftlichen Einrichtungen erwachsen ist. Die Bekämpfung des Staates in seinen wesentlichen Erscheinungsformen, Kapitalismus, Imperialismus, Militarismus, Klassenherrschaft, Zweckjustiz und Unterdrückung in jeder Gestalt, war und ist der Impuls meines öffentlichen Wirkens. Ich war Anarchist, ehe ich wußte, was Anarchismus ist; ich war Sozialist und Kommunist, als ich anfing, die Ursprünge der Ungerechtigkeit im sozialen Betriebe zu begreifen. Die Klärung meiner Ansichten verdanke ich meinem Freunde Gustav Landauer; er war mein Lehrer, bis ihn die weißen Garden ermordeten, die eine sozialdemokratische Regierung zur Niederzwingung der Revolution nach Bayern gerufen hatte.

Meine revolutionäre Tätigkeit hat mich oft mit den Staatsgewalten in Konflikt gebracht. So stand ich 1910 vor Gericht wegen des Versuches, das sogenannte Lumpenproletariat zu sozialistischem Bewußtsein heranzuziehen ... Während des Krieges stand ich in den Reihen der Opposition gegen die Lenker der deutschen Schicksale ... Wegen der Weigerung, eine Arbeit im vaterländischen Hilfsdienst anzunehmen, wurde ich Anfang 1918 nach Traunstein in Zwangsaufenthalt geschickt, wo ich bis zur Auflösung der »Großen Zeit« in Niederlage und Zerfall blieb.

Selbstverständlich fand mich die Revolution von der ersten Stunde aktiv auf dem Posten ... Mitglied des Revolutionären Arbeiterrats ... Kampf gegen die Konzessionspolitik Kurt Eisners ... Teilnahme an der Ausrufung der bayerischen Räterepublik ... Standgericht: fünfzehn Jahre Festung ...

II

Nachtrag vom Dezember 1920

(Festung Niederschönenfeld)

Diese Sätze schrieb ich vor einem Jahre in der Festungsanstalt Ansbach. Inzwischen hat sich in mir nichts, außer mir viel geändert ...

Als Ertrag des letzten Jahres sind meinem Lebenslauf nur ein paar Daten hinzuzufügen. Vom März bis zum Mai mußte ich zwei Monate im Ansbacher Landgerichtsgefängnis zubringen, weil ich einen bayerischen Minister beleidigt hatte. Ich benutzte die Abwechslung, um zwei Bücher zu schreiben: Eine Streitschrift »Die Einigung des revolutionären Proletariats« und das Bühnenwerk »Judas. Ein Arbeiterdrama«. Im ersten habe ich mich um den Nachweis bemüht, daß ... sämtlichen Parteiprogrammen die Parole zur kommunistischen Föderation aller wahrhaft revolutionären Korporationen und Individuen gegenüberzustellen sei. Das Drama unternimmt es, »Proletkult« unter dem Gesichtspunkt zu schaffen, der die Schaubühne als revolutionär-agitatorische Anstalt betrachtet wissen will. Der Proletarier soll im Theater keine Symbolik enträtseln und keine Kunstsprache in seine Prosa übersetzen. Der Arbeiterdichter hat weder die Aufgabe, das Proletariat zu sich hinaufzuziehen, noch sich zu ihm herabzulassen. Er ist kein Dichter des Proletariats, sofern er sich nicht selbst als Angehöriger des Proletariats von Natur wegen erkennt. Der Hirnarbeiter ist nichts Besseres als der Handarbeiter. Wer sich selbst den Charakter eines »Intellektuellen« gibt, versucht, sich über das Proletariat zu erhöhen. Ist mir mit »Judas« ein Zeitstück gelungen, das Wissen und Gefühl des Proletariats in seiner Sprache und in seinem Gedankenkreis bewegt und von proletarischen Herzen erfaßt wird, so ist das Stück gut, auch wenn alle literarische Kritik es verdammen sollte. Mit gesprochenen Opern, mit Mosaikszenerie, mit expressionistischem Gelall dient das Theater allenfalls dem

Modernitätsbedürfnis der Bourgeoisie, aber nicht dem Drang des Proletariats, aus Kunst erhöhtes Erleben zu ziehen. Dieser Drang wird befriedigt durch Verständlichkeit im Wort, durch Abwandlung revolutio-
närer Probleme in bewegter lebendiger Handlung, durch Antönen an
Saiten, die in der Arbeiterseele revolutionär schwingen.

168 Im Sommer 1920 erschien mein Gedichtbuch »Brennende Erde.
Verse eines Kämpfers«. Auch diese Gedichte sollen Zeugnis des Geistes
sein, der die Kunst nicht aus dem Leben heraushebt, sondern dem
Leben und seinem besten Teil, der Revolution, dienstbar machen will.
Der Zweck heiligt die Kunst! Zweck meiner Kunst ist der gleiche, dem
mein Leben gilt: Kampf! Revolution! Gleichheit! Freiheit!

III

Dezember 1927

In die Zeit, seit ich im Kerker Rechenschaft ablegte über mein Schaffen
und Wollen, fällt das Kaspar-Hauser-Erlebnis meiner Rückkehr unter
die Menschen, Weihnachten 1924. Ich bemühe mich, in der von der
Zäsur des Weltkriegs tief aufgewühlten Welt durch Rede, Schrift und
Beispiel auf die revolutionären Ziele hinzuwirken, die aus den vor sieben
und acht Jahren geschriebenen Notizen zu erkennen sind. Die Dicht-
kunst ist nichts als eine meiner Waffen im Kampf.

Erschienen sind seit der Veröffentlichung der »Brennenden Erde«
unter dem Titel »Alarm, Manifeste aus zwanzig Jahren« eine kleine
Sammlung politischer Gedichte, Aufsätze und Aufrufe; unter dem Titel
»Revolution« die »Kampf-, Marsch- und Spottlieder«, ferner als Appell
gegen die vergiftete Kampf weise der Klassenjustiz die Schrift »Gerechtigkeit für Max Holz!« Seit 1926 gebe ich die anarchistische Monatsschrift »Fanal« heraus. Dort sind die grundsätzlichen Bekenntnisse zu
suchen, die meine Stellung zu den öffentlichen Problemen der Gegenwart klarlegen.

Die private Gelegenheit des fünfzigsten Geburtstags gibt Anlaß, das
Lebenswerk, soweit es ausgesprochen literarischen Charakter angenom-
169 men hat, im Überblick vorzulegen.

Peter Hille

gestorben am 4. Mai 1904

Berlin ist die zivilisierteste Stadt der Welt; daran wird es liegen, daß es so wenig Kultur kennt. In Berlin hat das Bequemlichkeitsbedürfnis der Weltstädter sich alles Praktische schon längst nutzbar gemacht. Die Möglichkeiten der Beförderung und Beleuchtung, der Behausung und Ernährung sind fabelhaft; alle Verkehrseinrichtungen funktionieren mit größter Sicherheit in Häusern, Straßen und öffentlichen Anstalten; tadellos ist die Ordnung in allen geschäftlichen, privaten und allgemeinen Beziehungen, aufs beste pulsiert die Gleichmäßigkeit in den Verwaltungen wie in den Familien. Auf der anderen Seite: völlige Verständnislosigkeit gegen alles, was im funktionellen Getriebe nicht mitrollt, was den praktischen Bedürfnissen, der Bequemlichkeit und dem Nutzen der Gesamtheit nicht dienstbar ist; die äußerste Fremdheit gegenüber allem Zwecklosen, allem Eigenleben, aller Kultur.

Der bemerkenswerteste Ausdruck der Kultur ist die Kunst, soweit sie nicht bestellt, dem Unterhaltungs- und Vergnügungsbedürfnis der Menge nicht angepaßt ist, soweit sie um ihrer selbst willen da ist und um des Künstlers willen, der sich in ihr mit der Welt und seiner Zeit auseinandersetzt. Ich möchte so sagen: soweit sie lyrisch ist. Der Lyriker als Berliner Bürger: schon die Vorstellung ist komisch, ist eine contradictio in adjecto. Nein, ein Lyriker – welcher Kunst er immer frönt – kann kein Berliner sein, überhaupt kein Weltstädter und kein Bürger, mag sein Schaffen noch so stark beeinflußt sein von den Eindrücken, die seine Seele aus dem flutenden Strom der Großstadt aufgesaugt hat. Zeit und Leben, alles, was um ihn wirkt und quillt, ist dem lyrischen Künstler Mittel und Reiz zum Gestalten; er ist immer Phonograph, Grammophon nur jenen, die seine Töne hören können, die seine Farben sehen, die seine Schwingen zittern fühlen.

170

Vor drei Jahren starb ein Lyriker, ein Dichter, der seine Zeit und seine Umgebung, dieses nüchterne, zweckvolle, poesiearme und kulturfremde Berlin, tief erlebte und genoß; der dem Instrument, das er aus dem klanglosen Holz seiner Zeit und der salzlosen Luft des Raumes, in den er gestellt war, baute, Weisen entlockte, die zeit- und raumlos sind, golden tönen über dem Atem von Menschen, für die sie nicht erklangen, nicht geformt wurden.

Nur selten vernahmen die Berliner etwas von Peter Hille. Wenn verehrende Freunde seinen Namen ganz laut in den Weltstadtlärm riefen, dann sah man vergnügt auf den sonderlichen Mann herab, der zerzaust und ein wenig abgerissen daherging, ein schmutziges Notizbuch in der Hand, in das er fast unaufhörlich schrieb: Gedanken und Einfälle, Stimmungen und Randglossen über das, was er erblickte, erhorchte, ertastete; der jede Seite mit dem Bleistift sechsmal überquerte und sich um die spöttisch Blickenden nicht kümmerte, die von den Schönheiten nichts ahnten, die der Dichter für seinen persönlichen Bedarf aus ihrer Häßlichkeit hob. Und dann sprach man von ihm, als die Nachricht von seinem Tode durch die Blätter ging. Was erfand man nicht für Mordgeschichten, um sein Sterben interessant zu machen! Ermordet sollte er sein, und ganz mysteriöse Dinge sollten es veranlaßt haben, daß man ihn eines Tages mit blutendem Kopf ohnmächtig auf der Bank eines Berliner Vorortbahnhofes auffand. Die guten Leute, die sein Leben nie als ein tiefes, herrliches Geheimnis empfunden hatten, witterten hinter seinem Tode geheimnisvolle, poetisch-gruselige Umstände. Und doch war für jeden, der nicht mit des Dichters Sinnen fühlt, sein Tod so nüchtern, so unsagbar nüchtern! Ein fünfzigjähriger Organismus, geschändet von allen Entbehrungen, allen Strapazen materieller Not, war verbraucht. Auf der Heimfahrt von Berlin nach Schlachtensee, wo ihn Fremde zuletzt versorgten, brach er zusammen, die Lungen versagten, er schleppte sich auf einer Zwischenstation aus dem Zug, fiel und zerschlug sich den Kopf. Man setzte ihn auf eine Bank. Da wurde er gefunden. Man brachte ihn nach Groß-Lichterfelde ins Krankenhaus, und dort starb er. Das ist alles.

Peter Hille ist verhungert, ganz regelrecht verhungert; nicht, wie mancher andere Bettler, durch ein plötzliches Aufhören der Lebenszufuhr, nicht von heute auf morgen, sondern im jahrzehntelangen bitteren Kampf seines schwachen Leibes gegen die Bedürfnisse des Lebens, deren Befriedigung ihm vorenthalten war. Vorenthalten von der Gesellschaft, die ihn umgab, die ihn nicht bemerkt hatte im Getöse der Weltstadt, aber an seinem Grabe nun plärrte: Seht doch, ein Dichter ist tot, ein Dichter! Und die romantische Geschichten wob über sein Ende, die ihr die Schuld an diesem Tod abnehmen sollten.

Soll ich die Leute entschuldigen, die besten Herzens diesem qualvollen Siechtum zusahen? Es liegt mir nicht, zu sagen: sie können nichts dafür! Um so schlimmer! Entschuldbar sind nur die Taten, die bewußt geschehen, an denen Geist und Hand mitwirken, die gewollt sind und kämpfend verübt werden. Stumpfheit und Blindheit, blödes, verständnisloses Zuschauen ist nie entschuldbar. Der Fluch solchen Handelns an Peter Hille, an seinem besten, seinem reinsten Geist, fällt ohne Gnade, fällt bleischwer auf das deutsche Volk, auf seine »Gebildeten«.

Gewiß: Peter Hille selbst wußte nicht, was ihm Böses geschah. Er litt an besseren Leiden als an denen des Leibes. Er merkte kaum, wie gemein er mißhandelt wurde. Er hat die Qualen, die man ihn dulden ließ, nicht vergolten mit der Verhärtung seiner Seele. Er ging unbeirrt unter den Menschen, die ihm das Brot entzogen, und hob Schönes aus ihren Häßlichkeiten, Schönes, von dem sie selbst nicht wußten. Auch nicht deshalb wird sein Tod zur Anklage, weil er noch viel Wundervolles hätte dichten, uns viele Reichtümer hätte hinterlassen können, sondern, weil er das Leben liebte, selbst unter den Nöten, die man ihm auflud.

Wie fremd, wie fern war Peter Hille seinen Zeitgenossen! Wie liebte er sie, er, der in ihnen die Menschheit verkörpert sah! Sein tiefstes Erleben lag in anderer Zeit. Im Kern seines Wesens fühlte er sich ins Mittelalter gehörig, in jene herrlichen Tage Michelangelos und Dantes, wo die Kultur eine Heimat, die Kunst eine Stätte hatte. Seine Erscheinung war wie aus einem Märchen, der gütige Weise mit dem lächelnden Kindesauge, dem unschuldigen Knabenkörper, den reinen, weißen streichelnden Händen und dem mächtigen Denkerhaupt mit dem großen Bart. Still und heiter ging er durch lärmende Straßen und glaubte sich in einsamen Gefilden, umgeben von Engeln und Genien.

Seine Kunst war rein und tief. Ganz Dichter, ganz Bildner, schaute er ins Leben. Jeder Gedanke formte sich ihm zum Symbol, jeder Satz zum Vers, jede Empfindung zum Reim. Sünde war ihm ein fremdes Wort, Häßlichkeit ein fremder Begriff, Moral ein fremdes Gefühl. Lauter und keusch wie das Quellwasser war sein Empfinden, groß und schön die bildhafte Umdeutung seiner Gedanken. Was er sah, dachte, fühlte, formte sich ihm spontan zum greifbaren Wortbild. Es gab nichts Abstraktes für ihn. Jeder Bewegung, jeder Stimmung, jedem Gefühl und jedem Genuß gab er Worte von sichtbarer Wesenheit.

Ich will keine langen Proben seiner Kunst geben. Wer sie kennenlernen will, lese seine hinterlassenen Werke. Eine kurze Probe nur aus der »Brautseele«:

> »Der zweiten Keuschheit
> köstliche Müdigkeit ruht
> in dem wieder
> niedergeschwiegenen Blut,
> bis des Lebens innige Anmut
> wieder höhersteigende Kräfte gewinnt
> und weiter sich spielt
> nach des Lebens lieblicher Weise.«

Ich zitiere diese Zeilen nicht als letzte Höhe seines dichterischen Könnens; nur als Probe der innigen Keuschheit seines Empfindens und als Beispiel für die tiefe innere Gereimtheit seiner Worte.

Schönheit war Peter Hille alles; und Schönheit, Dichtung und Leben war ihm Eins. Und doch sah er auch die grausamen Abgründe, an deren Rand man ihn stieß. Und doch kannte auch er Minuten der Bitterkeit, in denen er der Häßlichkeit Worte gab. Wie schmerzlich ist dieser Aphorismus:

»Wer nicht arbeitet, soll auch nicht essen. Wer nicht arbeitet, soll speisen; wer aber gar nichts tut, darf tafeln.« Wie übel mußte man diesem Dichter erst mitspielen, ehe er solchen Satz fand. Wie oft stritt ich mit ihm über den Wert der Menschen Οἱ πλεῖστοι κακοί –: er wollte es nicht glauben, nicht sehen. Einmal schrieb er mir, als ich wütend gewesen war, weil ihn Leute in einem Kabarett verspottet hatten: »Ärgere Dich doch nicht über die Bande; lache doch über sie.« Zu kränken war er nicht.

Vielleicht hat er recht gehabt. Dem Künstler unserer Zeit, dem Fremden, Leidenden bleiben nur zwei Möglichkeiten, sich abzufinden. Einer kämpft an gegen die Frevel der menschlichen Ordnungen, baut sich ein Ideal der Wirklichkeit, wird Sozialist und Anarchist und hofft auf die Tage, die keinen Hunger mehr kennen werden und keine Not des Leibes. Er stellt sich bewußt in Gegensatz zur Gesellschaft, verbündet sich den Ausgestoßenen und Benachteiligten und eint seine Empfindungen zum Gefühl des Hasses gegen Staat und Gesellschaft, in dem Wunsch nach Rache. Der andere geht, wie Peter Hille, still seines Weges, liebt Leben und Liebe und dichtet Schönheit in die Menschen, die ihn verhungern lassen …

Noch ist nicht die Zeit, Anekdoten von Peter Hille zu erzählen. Erst mag die Welt die Augen öffnen für das Vermächtnis, das er hinterlassen hat. Nur eine kurze Episode will ich berichten. Vielleicht wird mancher mehr darin finden als eine Anekdote. Wir waren zusammen im Lese- 174 zimmer der Neuen Gemeinschaft. Peter Hille hatte sein Notizbuch vor sich liegen und den Bleistift in der Hand. Der Kopf lag ihm schwer auf der Brust. Nach langem Schweigen blickte er plötzlich auf, legte die Hand feierlich auf den Tisch und sagte ernst und stark: »Eben habe ich den Sinn meines Lebens gefunden. Ich bin: also ist Schönheit.« 175

Brevier für Menschen

Tapferkeit

Nicht wer sich gezwungen in Gefahr begibt, ist tapfer, noch wer aus Übermut der Gefahr entgegenläuft, sondern nur, wer um seiner Erkenntnis willen auf sich nimmt, was die Pflicht des Gewissens fordert. Darum schweige das Lob gefahrvoller Taten, und es erhebe sich der Ruhm der aufrechten Gesinnung.

Die Tapferkeit des unbedingten Bekennens bedarf keiner Gefahren, so wenig sie sich von ihnen schrecken läßt. Wer aber Gefahren sucht der Ehren der Welt halber, ist tapfer aus Eitelkeit – das heißt, er ist scheintapfer; er spielt den Furchtlosen, weil er das Urteil der Mitwelt fürchtet. Der wahrhaft Tapfere fürchtet kein Urteil, es sei denn das des eigenen Gewissens.

Tapferkeit ist rücksichtsloses Rechttun, ist bedenkenlose Unterwerfung unter den Befehl der selbst erkannten Moral. Wer fremder Moral gehorcht, wer Befehlen folgt, die das eigene Bewußtsein von Gut und Böse verwirft, der ist nicht tapfer, mögen seine Werke immer denen gleichen, die die Welt als heldische Taten preist. Ohne den Antrieb des eigenen Herzens kämpfen, um nur Vorwürfe zu vermeiden und Strafen zu entgehen, heißt aus Feigheit tapfer sein, heißt Mutlosigkeit mit Mut umpanzern.

Der Todesmut, der alles wagt für die kleine Aussicht, das Leben zu retten, hat mit Tapferkeit nichts zu schaffen. Nicht um Lebens oder Sterbens willen ziemt es sich tapfer zu sein, sondern um des Geistes und der Menschheit willen.

Wenn einmal die Zeit gekommen sein wird – und sie muß kommen, sie steigt schon herauf, und die Welt ist schwanger mit ihr –, die Zeit, da der Kampf der Menschen um geistige Werte gehen und der Geist ihm die Waffen geben wird, dann erst kann die Tapferkeit zu ihrer wahren Geltung gelangen. Denn dann wird offenbar werden, daß der kämpfende Mensch nur tapfer ist, wenn die Sache, für die er kämpft, zugleich seine eigene Sache ist und die der Menschheit.

Selbstverantwortung

Zeitliche Ereignisse von umwälzender Kraft verlangen vom Einzelnen die strengste Reinigung des innern Wesens. Denn sie bewirken das Sichtbarwerden zahlreicher persönlicher Eigenschaften, die den Mitmenschen und oft einem selbst bisher verborgen waren. Solche Erschütterungen zwingen jeden, seinen Platz aufzusuchen, wo er allein stehen mag oder mit wenigen oder angelehnt an die dichte Masse. Zu finden ist jeder unausweichlich, sorge er, daß er bei der großen Seelenschau der Menschheit in Ehren bestehe.

Die Verführung, Halt zu suchen bei den Zufriedenen, die sich leiten lassen, auf eigenes Urteil verzichten und Verantwortung scheuen, ist groß, weil der Wille, der die Ereignisse treibt, stark ist, weil seine Stimme die des Zweifels und der Abwehr übertönt, weil der Rhythmus des Geschehens werbende Kraft hat und schwache Gemüter zwingt, mitzugehen mit den führenden Mächten.

Aber es ist schwer, den Schritt zu hemmen, der einmal in Marsch ist, jeden Augenblick das klare Bewußtsein zu behalten, daß alles Geschehen flüssig ist und erst, wenn es vorüber ist, als unabänderlicher Vorgang der Weltgeschichte der Prüfung der Nachfahren unterliegt. Vor dieser Prüfung mit seinem Verhalten zu bestehen, darauf kommt es für jeden Einzelnen an.

Es ist nicht wahr, daß der Mensch nur ein Rädchen sei in der Maschine, die einmal im Gange ist, nicht fähig und nicht berufen, ihren Lauf zu beeinflussen. Die Geschichte ist das Produkt menschlicher Willenskräfte. Niemand hat seinen Willen auszuschalten, jeder hat ihn anzustrengen nach der Richtung, die sein Gewissen anweist. Wer nur dies Bewußtsein hat, ist – sei es als Helfer, sei es als Eigenkraft – wirkender Faktor der Geschichte. Das gilt zu allen Zeiten, es gilt in erhöhtem Maße in Epochen katastrophaler Ereignisse. Diese Epochen scheiden die Geister. Einmal werden sie erkannt werden, diejenigen, die sich klein machten und zu verkriechen suchten im Gewirr der Massen, um ja nicht aufzufallen, ja sich nicht mißliebig zu machen; diejenigen, die alle überschrien, nur sie seien die wahren Begreifer der Zeit, was sie früher gesagt und getan hätten, gelte nicht mehr, jetzt erst sähen sie den rechten Weg und wollten ihn vorangehen – und diejenigen, die das furchtbare Gewicht der Verantwortung empfanden, das die Zeit auf alle Schultern legte, und die Tun und Lassen abwogen unter dem

176

einzigen Trachten, lauter befunden zu werden vor dem Gericht der Nachwelt.

Die Pflichten des Einzelnen bei umwälzenden Geschehnissen sind nicht auf Paragraphenschienen gezogen. Vorschriften zum Denken und Handeln liegen in keinen Schubfächern aufgesammelt. Nichts, was noch im Flusse ist, läßt sich mit einem Schema, einem Prinzip ins Gleiche stellen. Aber jede Tat, jeder Entschluß, jede neue Wendung im großen Geschehen stellt an die Selbstverantwortung der Persönlichkeit den Ungeheuern Anspruch, ohne Nützlichkeiten zu besinnen und ohne auf ausgegebene Parolen zu horchen, das eigene Gewissen prüfend zu befragen, ob es vor Mit- und Nachwelt an all diesem teilhaben, ob es all dieses hinnehmen und rechtfertigen will.

Seine Antwort aber sei Ja! Ja! oder Nein! Nein! Und was darüber ist, das ist vom Übel.

Wissen, Gewissen, Wissenschaft

In allem Streit von Meinungen und Auffassungen gibt es nur ein Mittel, zuverlässige Wahrheit zu finden: das ist die gefühlte Erkenntnis, die Weisheit, die wir Gewissen nennen.

Unsre Einsicht in die Erlebnisse der Welt und unsre Wertung der Geschehnisse des Lebens sind morsch und brüchig, wenn sie statt vom Herzen zum Hirn vom Verstand zum Gefühl geleitet werden. Unverbildetes Denken, unbestochenes Urteilen nimmt vom Empfinden seinen Ausgang. Der umgekehrte Weg führt zur Doktrin, zum Dogma, zum Standpunkt.

Wehe dem Menschen, der verstockt auf einem Standpunkt steht! Er wächst darauf fest, und seinem Geiste knicken die Schwingen ab. Wehe dem Geiste, dessen Flügelschlag gelähmt ist von den Buchstaben eines Lehrsystems! Er erkaltet zum toten Mechanismus, und was seine Leidenschaft war, wird sein Starrsinn. Wer sich je dem ewigen Werden nahe fühlte, der weiß, daß alle Wärme und alles Licht des Geistes von einem inneren Feuer kommen. Die kluge Begründung einer Erkenntnis formt sich nachträglich im nüchternen Vorgang logischen Zurückdenkens. Logik ist Rechenprobe, und die Logik war falsch, wenn die Rechnung nicht aufgeht in der untrüglichen Wahrheit des seelischen Erkennens.

Das Gefühl weiß: dies ist recht und jenes unrecht, dies ist wahr und jenes falsch, dies ist gut und jenes schlimm. Das begeisterte Gefühl findet Worte und Gründe für sein sicheres Wissen. Aber Worte und Gründe stellen sich ihm entgegen, die nie vom Pulsschlag lebendigen Erkennens bewegt wurden, und oft ist ihre Macht stark genug, um erfühltes Bewußtsein hinsterben zu lassen vor Theorie, Wissenschaft und Glaubenssatz.

Was geschieht den Sehern, die, erleuchtet vom Feuer der Begeisterung, ihr Schauen ins Volk tragen, um es das Gewissen begreifen zu lehren als einziges Mittel innerer Befreiung? – Advokaten stehen auf und widerlegen ihre Ergriffenheit mit den Thesen der praktischen Vernunft. Entwicklungsgesetze verbieten der Gemeinde Sehnsucht und Beseligung. Die Verkünder der Wahrheit, die ohne Beweis Wissen ist, müssen in sich zurückflüchten mit der Erfahrung, daß Augen und Ohren, Verstand und Gemüt der Menschen umfangen sind von Artikeln fragwürdiger Wissenschaft und daß nur ein Mittel noch taugt, die Menschen aus der Kälte lehrhafter Formeln hinaufzuführen zur Flamme erlebnisvollen Rausches: Leid – Leid bis zu dem Übermaß, das Leidfähigkeit und Leidenschaft erzeugt.

Das größte Übel, von dem die Menschheit erlöst werden muß, ist die Willfährigkeit, Formeln zu glauben, denn sie ist das Mißtrauen gegen das eigene Gewissen. Mit der Erlösung vom Formelglauben wird das Wissen der Menschen frei. Das befreite Wissen aber erkämpft sich den Weg von erlernter Wissenschaft zu lebendiger Weisheit.

Vom Tode

Was wir Ehrfurcht vor dem Tode nennen, die Mischung von Schauder, Beklemmung, Wehmut und Jenseitsgefühl, die wir beim Hinsterben eines Mitmenschen empfinden, sollte uns deutlich bewußt sein als Ehrfurcht vor dem Leben.

Die Trauer um einen Toten ist die Bejahung seines Lebens, ist das Bekenntnis zum Diesseits als allein Erlebniswertem. Die Hoffnung auf ein Fortleben nach dem Tode ruht immer nur auf Glauben oder Spekulation. Keinem, der in der Überzeugung von Seelenwanderung, Wiedergeburt, Fortwirkung irgendwelcher Art Trost und Sicherheit findet, soll Skepsis oder gar Spott begegnen. Aber alle, die zu innerer Klarheit über ihren Verbleib nach dem Abscheiden gelangt sind – das gilt auch für die Gläubigen mit dem Kindertraum von Himmel und Paradies –, sollten sich erinnern, daß diese Klarheit ihr Glaube und daher ihr Eigentum ist, nur für sie gültig und als sichere Wahrheit nur von ihnen beansprucht und also nur auf sie selbst anwendbar.

Kriegszeiten, Epochen, in denen der Tod über alle Vorstellung Opfer empfängt, verführen viele zu leichtfertiger Einschätzung des Lebens. Sie beruhigen ihre Bedenken und ihr Grauen mit der Erinnerung an die eigene Zuversicht auf ein Weiterleben nach dem Tode. Sie begehn schweres Unrecht an denen, die ihrer Weisheit nicht glauben, die für sich zu keiner Lösung des düstern Rätsels kommen konnten, die des natürlichen Ablaufs ihres Lebens bedurft hätten, um überlegen und ausgesöhnt die überstandene Welt mit einer neu beginnenden vertauschen zu mögen. Ja, der Trost der eigenen Seele wird Grausamkeit gegen die fremde, weil er das Mitgefühl am fremden Leid verdrängt und den Sterbenden eines Teils der Trauer beraubt, auf die er um seines Todes willen Anspruch hat.

Natürlich ist von keinem Menschen zu verlangen, er müsse dem Tode jedes andern Menschen nachtrauern. Das Sterben einer Person beschäftigt niemanden in höherem Maße, als es ihr Leben getan hat. So ist uns der Tod der meisten Menschen völlig gleichgültig. Aber wir sollten uns hüten vor einem summarischen Bedauern, wenn das Los eines gewaltsamen Endes viele zugleich trifft. Es ist eine Frivolität, zu klagen: Schrecklich! In der oder jener Schlacht sind wieder zehntausend Mann gefallen … und dabei die Zahl der Leichen statt die Summe der zerstörten Schicksale zu meinen. Einmal zehntausend ist leicht zu denken; der Phantasie wird dabei keine Aufgabe gestellt. Zehntausend mal eins aber ist ein Gedanke von furchtbarem Gewicht, denn er enthält die Vorstellung von zehntausend Einzelerlebnissen mit aller Qual jedes Betroffenen, mit allen Tränen und Klagen, die jedem der zehntausend nachweinen – nicht der zehntausend Mann, sondern der zehntausend Männer. Hat uns das Leben dieser Menschen bekümmert und bewegt, so haben sie ein Anrecht darauf, mit allen Empfindungen, die das Ereignis des Todes erweckt, betrauert zu werden. Der Tod kann nicht korporativ erfaßt werden. Daher kann keine Trauer aufrichtig sein, die ihren Schmerz an der Zahl weidet.

Je größer unsre Achtung vor dem Leben ist, je stärker unser eigener Lebenswille uns zwingt, den fremden Lebenswillen anzuerkennen, um so ehrfürchtiger werden wir das Phänomen des Todes begreifen: als

Mahnung des irdischen Lebens, bis zu seiner Grenze lebendigen Geistes zu sein und die Aufgaben des Lebens zu erfüllen. Welche Aufgaben jenseits der Grenze gestellt sind, ist das Geheimnis, das der Tod dem Leben verborgen hält. Wer da glaubt, das Geheimnis des Jenseits enträtselt zu haben, der stört mit seinem Glauben vom Tode nicht das Diesseits, dessen Recht das Leben ist.

Künstlerpflicht

Der Entwicklung der Kunst zur Offenbarung zukünftiger Menschheit muß die Entwicklung der Künstler zu Menschen vorangehen.

Das Verhängnis des Künstlers ist seine Vereinsamung, seine selbstgewählte Abschließung von den Dingen des Volkes. Hier ist der schmerzlichste Grund der Kulturarmut dieser Zeit, hier die Mitschuld der Künstler an dem Entsetzen, das wir durchleben. Denn der Künstler, der sich in sein Atelier oder in sein Büro einsperrt, stellt sich damit nicht über die Mitwelt, sondern außerhalb der Menschheit. Er entzieht das geistig-seelische Gut seiner Künstlerschaft der Wirkung auf das Weltgeschehen.

Bisher waren die Künstler Besondere ohne Zusammenhang mit allen – und waren noch stolz darauf. Es kommt ihnen aber zu, ihr Besonderes zu benutzen zur Bereicherung aller. Wer in Wahrheit Künstler ist, wird seine Weisheit und sein Pathos fruchtbar zu verwenden wissen, sofern er nur auch Mensch ist.

Sache des Künstlers ist zuallererst Gemeinschaft. Sein Mittel, Gemeinschaft herzustellen und auszuüben, ist die Kunst. Schafft eine Kunst geistige Verbrüderung unter den Menschen, so schafft sie das Beste, was unter Menschen sein kann: Volk.

Volk muß noch geschaffen werden. Was heute besteht, ist sein Surrogat, ist Staat. Staat ist Krieg, Haß, Verfolgung, Zwang, Gesetz. Volk ist Friede, Gerechtigkeit, Gemeinschaft, Ausgleich, Kultur. Der Künstler stelle sich, sein Werk, seine Idee, sein Leben in den Dienst des Volkes, so wird der Inhalt des Volkes Kultur und Schönheit sein.

Dies ist die Aufgabe der Künstler in den kommenden Tagen: durch die Mittel ihres Geistes, also durch ihre Kunst, Völker aufzurichten und die Grenzen zwischen ihnen zu zertrümmern. Um es zu können, müssen die Künstler leidenschaftlich teilnehmen am Erleben der Welt, mit Leidenschaft selbst Menschen sein. Die Künstler müssen sich verantwortlich wissen für alles, was die Erde erschüttert. Ihr Werk muß teilhaben am Ursprung aller Ereignisse. Ihr Werk sei ihr Gewissen, ihr Gewissen aber sei geleitet vom Willen zum Wesentlichen.

Wenn einmal die Künstler ihren Platz gefunden haben werden unter den Menschen, wenn ihr Schicksal eins geworden sein wird mit dem Schicksal aller, dann werden die ewigen Wahrheiten, die vergiftet und geschändet sind, ohne bei den Geistigen und den Künstlern Schutz zu finden, wieder aufstehen und wahr bleiben, die ewigen Wahrheiten, deren Namen Friede und Gemeinschaft sind.

Die Seele des Kindes

Die Seele des Kindes ist das Allerheiligste im Tempel der Menschheit. In ihr lagert das Glück und die Freiheit der Welt.

In der Seele des Kindes vereint sich das tiefste Wissen um die Schönheit und Güte der Welt mit dem stärksten Mut zum Bekennen der Wahrheit.

Die Seele des Kindes ist der Spiegel unserer Tugenden und die Geißel unserer Fehler.

Wer gegen die Seele des Kindes sündigt, der ist ein Verbrecher an allem Wahren, Guten und Reinen. Seine Sünde wird nie vergeben. Denn sie ist Frevel am Heiligen Geist.

Ein Kind, das an Leib oder Seele darbt, ist größerer Vorwurf gegen die Menschheit als alle Feindschaft und alle Niedertracht der Welt.

Das Kind sei dem Erwachsenen Lehrer und Erzieher. Die Seele des Kindes laßt uns befragen, wenn wir der Zukunft und dem Heil der Menschen dienen wollen. Denn in der Seele des Kindes ist die Vernunft der Wahrheit und das unschuldige Wissen von Gut und Böse.

Was wir dem Kinde zuliebe tun, das laßt uns mit der Seele des Kindes tun. Das heißt: ohne Eigennutz und Falsch, den Blick und die Sehnsucht aber auf Frieden und Zukunft gerichtet.

Kindliche Fragen

Scharen von Männern, denen die Felle verwegen um die Schultern lagen, schritten vorbei, immer mehr, in endlosem Zuge, und die Keulen hingen ihnen schwer in den Händen.

»Wohin gehen die Männer?« fragte das Kind, aufgestützt auf die Knie der Urahne, die mit zitternden Fingern mürbes Laubwerk ins Feuer des Erdherdes streute.

183

Der Vater schnitt mit einem scharfen Stein ein Stück Baumrinde zur Sandale und maß die Breite an seiner Fußsohle ab. Er antwortete: »In den Krieg.«

Das Kind schaute zum Vater hinüber. »Was machen sie da?«

Der Vater lachte. »Sie schlagen die Feinde mit ihren Keulen tot.«

»Was haben ihnen die Feinde getan?«

»Sie wollen sie totschlagen.«

»Die bösen Feinde! Warum wollen sie unsre Männer totschlagen?«

»Weil die ihnen ihr Land wegnehmen wollen.«

»Warum wollen unsre Männer den Feinden das Land wegnehmen? Haben sie denn selber keins?«

»Doch. Aber je mehr Land einer hat, desto reicher ist er.«

»Ist es gut, reich zu sein?« fragte das Kind weiter.

»Das will ich meinen.«

»Bist du reich, Vater?«

»Nein, mein Kind, ich bin arm; aber für unser kleines Haus reicht es.«

»Wenn es doch für uns reicht, warum ist es dann gut, reich zu sein?«

»Wären wir reich, dann könnte ich Leibeigene für mich arbeiten lassen.«

»Was ist das – Leibeigene?«

»Das sind Menschen, die alles tun müssen, was ihr Herr ihnen aufträgt.«

»Warum gehst du nicht mit in den Krieg und schlägst die Feinde tot? Dann nimmst du ihnen ihr Land weg und bist reich und schenkst mir Leibeigene, daß ich nicht zu arbeiten brauche, wenn ich groß bin.«

»Du sollst aber arbeiten, wenn du groß bist. Faulheit ist ein Laster.«

»Aber dann brauche ich doch keine Leibeigenen, wenn ich selbst arbeiten soll. Dann ist es doch nicht gut, reich zu sein.«

184

»Kleiner Narr! Der Reiche hat so viel Land, daß er es nicht allein bebauen kann. Deshalb braucht er Leibeigene.«

»Wenn er doch genügend Land hat für sich und seine Kinder, warum muß er denn noch so viel dazu haben, daß er es nicht mehr allein bebauen kann?«

»Der Racker fragt mich tot«, rief der Vater. »Gib du ihm Antwort, Ahnfrau.«

Die Alte strich dem Kinde durch die Locken. Halb zu sich selbst sprach sie: »Mancher Weise hat schon ebenso gefragt und keine Antwort bekommen.«

Das Kind schwieg eine Weile und dachte nach. Dann wandte es sich hartnäckig an die Alte: »Warum schlägt Vater nicht auch die Feinde tot und nimmt ihnen ihr Land weg?«

»Er bekäme ja das Land gar nicht.«

»Wer kriegt es denn?«

»Der Herzog, der die Männer in den Krieg schickt.«

»Wer ist das – der Herzog?«

»Das ist der Anführer der Männer«, erwiderte jetzt wieder der Vater; »ihr Herr, dem sie dienen.«

»Also sind alle die Kriegsmänner Leibeigene des Herzogs?«

»O nein, es sind freie Männer; aber sie lieben ihren Herzog.«

»Und deshalb schlagen sie die Feinde tot, bloß damit der Herzog mehr Land bekommt?«

»Gewiß. Und sie lassen sich auch töten für ihren Herrn.«

»Welcher Mann wird denn immer der Herzog?«

»Der reichste natürlich.«

»Dann lieben die Männer den, der am reichsten ist, immer am meisten?«

»Nein. Sie lieben nicht den Reichsten, sondern den Herzog.«

»Aber du hast eben gesagt, der Herzog ist es deshalb, weil er der Reichste ist. Und weil sie ihn lieben, nehmen sie den Feinden das Land weg und geben es ihm. Da wird er ja immer noch reicher?«

Der Vater bastelte schweigend an seiner Sandale. Die Urgroßmutter nickte, die Lippen bewegend, vor sich hin. Das Kind hing weiter seinen Gedanken nach.

Nach einer Pause fragte es von neuem: »Wo nimmt denn der Herzog alle die Leibeigenen her, daß sie ihm das viele Land bebauen können?«

185

21

Der Vater wies auf die Männer, die immer noch schweren Schrittes vorbeizogen: »Sieh doch, wie viele Kriegsmänner es gibt!«

»Aber du sagtest doch, das sind keine Leibeigenen.«

»Gewiß nicht. Aber sie arbeiten für den Herzog. Sie zahlen ihm Abgaben, und dann dürfen sie sein Land bebauen.«

Das Kind steckte den Finger in den Mund und starrte die bewaffneten Männer so eindringlich an, daß mancher von ihnen lachen mußte. Dann wandte es sich zur Ahne und sagte ernsthaft: »Du, Ahnfrau, die Kriegsmänner sind aber dumm!«

Der Heereszug war vorübergegangen. In der Ferne war noch der Staub zu sehen, der den letzten nachwehte. Das Kind sah dem Vater bei der Arbeit zu. Plötzlich fragte es: »Vater, hat es schon immer Kriege gegeben?«

»Immer«, sagte der Vater.

»Und immer bloß, weil die Männer, die einen Herzog liebten, den Männern das Land wegnehmen wollten, die einen andern Herzog liebten?«

»Ich kann's mir nicht anders denken.«

»Wird denn niemals eine Zeit kommen, wo immer Friede sein wird?«

Der Vater zog das Kind an sich. Lächelnd sprach er: »Wenn einmal die Wagen ohne Pferde fahren und die Menschen in der Luft herumfliegen, dann wird's keine Kriege mehr geben.«

Die Alte wandte sich eifriger dem Herdfeuer zu. Sie schüttelte den Kopf und stocherte mit einem Scheit in der Glut. Ihre Lippen bewegten sich. »Dann erst recht!« flüsterte sie. »Dann erst recht!«

Das Kind gab noch nicht nach. »Sag doch, lieber Vater, es ist doch nicht gut, daß die Männer sich alleweil gegenseitig totschlagen. Wird das wirklich nie aufhören?«

»Vielleicht doch einmal«, erwiderte der Vater zweifelnd. »Vielleicht kommt einmal ein großer starker Herzog, der alle anderen Herzöge besiegt und sich zum Herrn über alles Land macht. Dann wird niemand mehr da sein, der Krieg gegen ihn beginnt, und wenn er mächtig und klug genug ist, werden die Menschen in Frieden leben.«

»Und wenn der große Herzog stirbt?« beharrte das Kind. »Und wenn dann der neue Herzog nicht mehr so mächtig und klug ist, wird es dann wieder Krieg geben?«

»Wahrscheinlich wohl. – Nun laß mich aber zufrieden, Kind. Willst du noch mehr wissen, dann frage die Urgroßmutter.«

Da fragte das Kind die Urgroßmutter, ob einmal ein Herzog kommen werde, der den Menschen den Frieden bringen könne.

»Nein«, sagte die Alte, »den Herzog wird es niemals geben.«

»Also wird immer Krieg sein?«

»Nein, mein Herz. Es wird einmal ein letzter Krieg sein. Den werden die Menschen aber keinen Krieg mehr nennen. Der wird anders sein als alle Kriege. Da werden die Männer nicht mehr für die Herzöge um Land kämpfen, sondern für sich selbst um das Land, das den Herzögen gehört. Und die Keulen werden sie nicht mehr gegeneinander schwingen und einander nicht mehr Feinde nennen. Sie werden sehn, daß sie Brüder sind, die Männer des einen und die Männer des andern Landes. Wenn sie das erkannt haben, dann werden sie auch nicht mehr wünschen, reich zu werden und Leibeigene zu haben. Sie werden begreifen, daß es gut ist, zu arbeiten, wenn man für sich selbst arbeitet und nicht

für einen Herzog. Und wenn erst alle für sich selber arbeiten, dann wird es auch keine Leibeigenen mehr geben.«

»Aber was werden die Herren dann tun, wenn keiner mehr für sie arbeitet?«

»Sie werden selbst arbeiten wie alle andern und werden also keine Herren mehr sein.«

»Ja, Ahnfrau, das muß schön sein, wenn alle gleich sind und alle zufrieden. Wenn ich groß bin, will ich allen Männern sagen, daß sie nicht mehr für die Herzöge arbeiten und sich auch nicht für sie gegenseitig totschlagen sollen.«

»Präge dir ein Wort ein, mein Liebling. Wenn du das Wort tief im Herzen trägst und es ganz erfaßt hast, dann sollst du es weitergeben an die andern Menschen. Vielleicht wird in vielen, vielen hundert Jahren dieses Wort einmal in allen Menschenherzen Wurzel fassen. Wenn es dahin kommt, dann wird die Welt keine Kriege mehr kennen, keiner wird einen andern töten, um für einen dritten Land zu erobern. Die Menschen werden arbeiten, jeder für sich und jeder für alle andern. Und alle werden glücklich sein.«

»Wie heißt das Wort, Ahnfrau? Ich will es lernen und mir fürs ganze Leben merken.«

»Höre zu, Kind. Fange das Wort auf und fülle dein ganzes Herz damit

an, und dann gib es weiter an die Menschen. Das Wort heißt: Freiheit!«

Die Hamster

Der Professor der Nationalökonomie Franz Xaver Cricetus hielt inne, schnüffelte Gedanken einsaugend in dem über ihm geschichteten Blätterhaufen herum – denn die Hamster-Versammlung konnte der Füchse, Eulen und Bussarde wegen nicht unter ganz freiem Himmel tagen – und fuhr in seinem Vortrage über »Die Feinde des Hamstergeschlechts« fort:

»So haben wir denn gesehen, daß wir ärger als Hermelin und Wiesel den Iltis zu fürchten haben, der uns nicht nur ausrotten und verderben möchte, um sich mit uns, unsern Frauen und Kindern den gierigen Wanst zu mästen, nein – der, selbst zu faul, sich von der eignen Pfoten Arbeit Gänge und Wohnungen zu bauen, in unsre Bauten eindringt, sich's in unsern Vorratskammern bequem macht und im Vertrauen auf seine Überlegenheit an Zahl und Stärke im Hause des Opfers neue Geschlechter zu unsrer Vernichtung zeugt und großzieht.«

Ein Grunzen und Quieken tiefer Empörung ging durch das Auditorium, aus dem sich hier und dort der knirschende Ruf erhob: »Gott strafe Iltistrien!«

»Er strafe es!« erwiderte der Professor mit Nachdruck, um sogleich die Aufmerksamkeit seiner Hörer von neuem zu fesseln.

»Wir leben still und harmlos. Wir erziehen unsre Jungen im Geiste der glorreichen Überlieferungen unsrer Väter und Ahnen zu einem friedvollen, arbeitsamen Dasein, das auf Achtung und Rücksicht gegeneinander und auf die gebührliche Schonung fremder Lebensnotwendigkeiten gegründet ist. Unsre Nahrung ziehen wir aus den Früchten der Felder, wie sie über und um uns wachsen, so üppig und reich, daß bei den bescheidenen Ansprüchen, die wir machen, niemand in der Welt durch uns in seiner Existenz beeinträchtigt wird. Dies gibt uns ja den sittlichen Rückhalt bei der idealen Forderung, die wir in der Welt erheben: die Freiheit der Felder!«

Die begeisterten jungen Hamster klatschten in bewegter Zustimmung auf ihren Backentaschen Beifall, während Cricetus sich dankend verneigte.

»Ja!« rief er aus, »und zugleich setzen wir unsern Ehrgeiz darein, die fruchtbaren Äcker und Auen zu säubern von dem schädlichen Gezücht der Insekten und Mäuse, der Vögel, Eidechsen und Schlangen, die in selbstischer Gier die zarten Keime zernagen und zerpicken, unsre Gänge verschütten und unwegsam machen und frevelhaft zuschanden machen, war wir in unermüdlichem Fleiß zur Wahrung unserer berechtigten Lebensinteressen in heiligem Egoismus aufgerichtet haben. Wenn wir auf solche Schäd- und Engerlinge Jagd machen, so erhalten wir dadurch nicht bloß unsere Familie bis in späte Generationen kräftig und widerstandsfähig – denn die ausschließlich vegetabilische Kost ist nach den neuesten Erkenntnissen der Wissenschaft dem Wachstum der Hamster keineswegs zuträglich –, sondern wir befreien zugleich alle anderen Tiervölker von einer unerträglichen und gefährlichen Landplage. (Sehr richtig!) Dabei aber möchte ich wieder und wieder betonen, daß diese neue animalische Ernährung einen überaus geringfügigen Bestandteil unseres Lebensunterhaltes bildet und nur sozusagen die Beilage, den Nachtisch abgibt zu unserem gewöhnlichen Mahl, das sich aus dem Gemeingut aller Geschöpfe, aus Weizen, Hafer, Gerste und Korn, aus Wurzeln, Gras, Obst, hie und da auch wohl aus Gemüse aller Art, als Bohnen, Erbsen, Lein- und Mohnkapseln, zusammensetzt.

Wir sind es also nicht, die den Kampf suchen. Uns treibt keine Raublust. Der Kampf, den wir führen, ist uns aufgezwungen von mißgünstigen und habgierigen Feinden, denen unser friedliches, argloses Zusammenleben ein Dorn im Auge war und die keine Scheu tragen, uns mit allen Mitteln des Hasses, der Lüge und des Verrats anzugreifen und nachzustellen.«

Professor Cricetus wischte sich den Schweiß vom Fell, und seine Nüstern zitterten einen Augenblick in verhaltener Erregung. Die stumpfe Schnauze weit vorstreckend, überließ er sich in herber Anklage der Bitterkeit seiner Empfindungen und kam nun auf den Hauptinhalt seiner lichtvollen Ausführungen:

»Nur mit grenzenlosem Abscheu vermag ich endlich von dem Feinde zu sprechen, dessen Ruchlosigkeit in der Verfolgung des Hamstergeschlechts ohne Beispiel ist und gegen dessen Arglist und Grausamkeit – ich muß es mit Beschämung gestehen – wir bisher kein Mittel zur Abwehr gefunden haben. Sie wissen, meine verehrten Hamster und Hamsterinnen, von welchem furchtbaren Widersacher ich rede: es ist der Mensch. (Bewegung und Pfuirufe.) Es ist gute alte Hamsterart, den Phänomenen der Natur auf den Grund zu gehen und auch den schrecklichsten und verderblichsten Erscheinungen mit dem freien Mut wissenschaftlicher Ergründungslust ins Gesicht zu sehen. So wollen wir denn auch der Erörterung des unfaßbar Entsetzlichen, das der Mensch für unser Empfinden bedeutet, nicht feige ausweichen, sondern erst recht versuchen, ein klares Bild von seiner Wesenheit zu gestalten. Noch ist für uns das Menschenproblem mit dem Schleier schier unergründlicher Geheimnisse umwoben. Noch hat die Forschung die Lebensgewohnheiten, die zoologischen Besonderheiten und vor allem die seelische Beschaffenheit des Menschen nur in ganz rohen Umrissen zu ergründen vermocht. Wir wissen nicht viel mehr von ihm, als daß er aufrecht und auf den Hinterbeinen geht, mächtige Bauten und Gänge über der Erde anlegt, daß sein Fell verschiedenfarbig ist und nach Belieben ausgewechselt werden kann und daß er imstande ist, seine Vorderpfoten durch die verschiedenartigsten abnehmbaren Gliedmaßen zu verstärken, mit denen er die Felder von Grund aus zu verheeren und uns wie allen anderen Tieren, ja selbst den eigenen Artgenossen, die grauenhaftesten Gefahren zu bereiten vermag. Mancher von Ihnen hat wohl schon bei einer abendlichen Wanderung durch duftige Kohlblätter so ein grünes oder graues Riesenmenschenexemplar zu Gesicht bekommen, wenn es mit dröhnendem Huf die Hügel friedfertiger Maulwürfe, unsrer treuen Verbündeten, zerstampfte und unter allem Getier Furcht und Schrecken verbreitete, so daß alles rings die Flucht ergriff.

Ich selbst entsinne mich aus meiner Jugendzeit einer Begebenheit, die damals das größte Aufsehen nicht nur bei uns Hamstern, sondern auch bei allen Nachbar- und Freundesvölkern erregte. Ein junger, allgemein beliebter, ehrengeachteter und hoffnungsvoller Hamster war über Feld gegangen, um für den bevorstehenden Winterschlaf sein Haus mit allem Nötigen zu versehen. Schon hatte er beide Backentaschen mit schönen Vorräten an Roggen und Leinsamen angefüllt, als er plötzlich, dicht vor sich, ein Ungeheuer gewahrte, in dem er sogleich einen Menschen erkannte. Unerschrocken bis zur Waghalsigkeit entfernte der Jüngling mit einer raschen Bewegung der Pfote den Inhalt seiner Backen, machte einen Anlauf und sprang an dem Hinterbein des Feindes hinauf, sich in dessen lose hängendes, unbehaartes Fell einkrallend. Da erhob das Monstrum die Vorderpfoten, vergrößerte sie blitzschnell durch eine lange glitzernde Schiene und gab daraus unter ohrenbetäubendem Knall, der alle Anwohner in rasende Angst versetzte, einen giftigen rauchenden Atem von sich, so daß unser Freund zerschmettert in seinem Blute lag.

Die Anwendung des gräßlichen Gliedes, dem der heldenhafte Jüngling zum Opfer fiel, ist von Hamstern seitdem meines Wissens kaum beobachtet worden, während zum Beispiel die Hasen gerade unter dieser Art der Verfolgung auf das fürchterlichste leiden sollen. Über die schädlichen Waffen, die der Mensch gegen uns Hamster gewöhnlich in Anwendung bringt, brauche ich Sie ja kaum noch zu belehren. Wir alle kennen die Methoden ja nur zu genau, da wohl keiner unter uns ist, dessen Familie nicht schon durch die Nachstellungen der bösen Feinde in Trauer versetzt worden wäre.«

Einigen Hörerinnen rannen bei diesen Worten die bitteren Zähren über die Schnauze. Der Vortragende selbst bürstete mit dem rechten Hinterbein das Bauchfell glatt, das sich in der Ergriffenheit über dem feisten Unterleib gesträubt hatte. Dann nahm er den Faden seiner Betrachtung wieder auf:

»Gewöhnlich geschieht es ja im Winter, wenn wir reglos, und ohne die Erscheinungen der Natur beobachten zu können, im gesunden und friedlichen Schlaf liegen, daß unsre Lieben menschlichen Vorrichtungen zum Opfer fallen, deren Charakter noch nicht voll ergründet ist, harten Gegenständen jedenfalls, von denen die schlafenden Unsern umfangen und an die Oberfläche hinaufgehoben werden. Auch schrecken die Menschen nicht davor zurück, gegen alle interkreaturischen Abmachungen auf unbekannte Weise erzeugte Wolken in unsre Wohnungen zu leiten und uns elend darin ersticken zu lassen. (Lebhafte Pfuirufe.) Leider muß auch betont werden, daß sich vierbeinige Tiere finden, die kein Bedenken tragen, sich mit den Menschen in ihrem Kampf gegen uns zu verbünden, und ihnen Spionendienste leisten, um uns aufzustöbern. Es sind dies vor allem die Hunde. Sie werden danach wissen, was Sie von der angeblichen Neutralität dieser würdelosen Rasse zu halten haben. (Entrüstete Zustimmung.)

Angesichts der unausgesetzten Gefahren, die uns von den Menschen drohen, hat es sich die Wissenschaft natürlich sehr angelegen sein lassen müssen, nun auch über das Leben der Menschen unter sich und ihre Beziehungen zueinander gewisse wichtige Aufschlüsse zu erlangen. Da ist es nun meinem verehrten Kollegen Dr. Eusebius Kornferkel gelungen, festzustellen, daß diese Ungeheuer in ihrer Habgier nicht etwa wie andere Tiere solidarisch zusammenhalten, sondern die ihrem Fraß dienenden Vorräte voreinander verbergen, und daß wenige von ihnen ohne Rücksicht auf die Bedürfnisse der Allgemeinheit gewaltige Speicher mit

Lebensbedarf anhäufen, während sie die große Mehrzahl der Artgenossen darben lassen.

Uns Hamstern ist ein solches Vorgehen natürlich unbegreiflich, und wir müssen uns in eine ganz fremde Vorstellungswelt begeben, um uns das als sittliches Prinzip fassen zu lassen, was bei uns mit Recht als Kriterium scheußlicher Entartung angesehen und verurteilt wird. – Wir sammeln uns in unsre Speicher genau so viel Korn oder Gemüse, wie jeder für die Zeit vor dem Einschlafen und nach dem Erwachen in seiner Kammer braucht. Die Felder – das wissen wir alle – tragen reich genug, um uns zu erlauben, unsre Scheuern offenzulassen, ohne uns vor dem Neid unsrer Mithamster fürchten zu müssen. So kommt es denn auch fast nie vor, daß ein Hamster statt vom allgemeinen Markt des Ackers seinen Bedarf aus dem Hause des Nächsten bezieht, wie es bei den Menschen allgemein der Brauch sein soll. Sie übervorteilen also einander, wo sie irgend können, und diejenigen unter ihnen, in deren Kellern und Speichern möglichst große Vorräte für einen unberechenbaren Bedarf gehäuft sind, die sogenannten Reichen, genießen besonderes Ansehen unter den übrigen. Nach Kornferkels Ansicht berechtigt sogar die möglichst große Ansammlung von Nahrungsmitteln den Menschen, sich für Lebenszeit von der Mühe, den eigenen Unterhalt herbeizuschaffen, zu befreien und statt dessen seinesgleichen für seinen Unterhalt arbeiten zu lassen. Der Mensch aber, der das Feld umgräbt, um uns Hamstern unseren bescheidenen Anteil am allgemeinen Lebensbedarf wegzunehmen, tut das nicht einmal, um sich damit zu ernähren, sondern um einem anderen Menschen, einem Reichen, die Kammern zu füllen, während der arbeitende Mensch selber kaum das Nötigste für sich und die Seinen dabei herausschlägt. Denn er erhält seinen dringlichsten Bedarf von dem Reichen nur gegen immer vermehrte, zu dessen Nutzen geleistete Arbeit zugeteilt.

Und damit nicht genug, mißgönnt ein Reicher dem andern sein Vorratslager. Sobald die Menschen meinen, daß in einem Lande die Speicher noch üppiger gefüllt seien als im andern, dann legen sie solche feuerspeiende Gliedmaßen an, wie sie sie zur Bekämpfung der Hasen brauchen, und vernichten sich gegenseitig damit, wobei aber wiederum die Inhaber der großen Nahrungsmittelmengen die arbeitenden Menschen auch diese Last auf sich nehmen lassen. Ganz geklärt sind diese Beziehungen der Menschen untereinander für uns Hamster bis jetzt noch nicht. Wir wissen bloß, daß die Menschen, denen es gelingt, durch

Kampf oder durch Absperrung Dritter vom Lebensunterhalt die Stammesgefährten wegzudrängen und sich in den Besitz aller Art von Reichtümern zu setzen, die höchste Anerkennung unter den übrigen Menschen gewinnen.

Das Prinzip, nach dem sich dieser Wettstreit der Menschen um die wirksamste Übervorteilung abspielt, nennen sie ›das freie Spiel der Kräfte‹. Uns mit unserm unverdorbenen gesunden Hamsterverstand scheint ein derartiges Verfahren mit einem Wort – menschlich, wie seine wissenschaftliche Bezeichnung denn auch bei jenen monströsen Wesen selbst die Menschesterlehre heißen soll.«

Der berühmte Nationalökonom wollte eben zu einer heftigen Kontroverse gegen diese Theorie ausholen, als am Eingang zu einer nahe gelegenen Kolonie ein Gedränge und ein Lärm entstand und eine Anzahl erregter Tiere eine wohlhäbige Hamsterin herbeizerrten, die sich heftig zur Wehr setzte.

»Was gibt's?« fragte alles durcheinander. »Was hat sie getan?«

»Sie hat gemenscht!« rief ein solider Hamsterbürger, der die Frevlerin mit der Klaue am Ohr festhielt.

Ein Sturm der Entrüstung erhob sich. Die Vorlesung wurde unterbrochen, und Professor Cricetus begab sich mit seinem gesamten Auditorium in den Gang, um die Art und den Umfang der Verfehlungen selbst festzustellen.

Es war allerdings ein widerwärtiger Anblick, der sich den Hamstern beim Eintritt in die Behausung der Überführten bot. Da lagen Bohnen und Mohnkapseln, Getreidesorten jeder Art und geschlachtete Insekten in ungeheurer Menge gehäuft, so viel, daß das enthamsterte Weibchen über vier bis fünf Winter schlafe hinaus versorgt war. Bei näherer Untersuchung fand man sogar noch eine Wochenration Erbsen und Mais in ihrer linken Backentasche.

Da es unmöglich schien, daß die Verbrecherin diese ganzen Vorräte allein vom Felde hereingeschleppt haben sollte, ging man daran, Fehlbeständen in den Kammern der Nachbarinnen nachzuforschen, und erdrückt von der Last der Beweise, gestand die Habgierige endlich unter Tränen ein, die Arbeit fleißiger Mithamster für ihre eigenen selbstischen Zwecke mißbraucht zu haben.

Sie wurde verurteilt, binnen 24 Stunden alle gemenschten Vorräte dahin zurückzubringen, woher sie sie entnommen hatte, und eine Buße von drei Weizenkörnern zu erlegen zum Anlocken einer Feldmaus, die zu einem großen Festschmaus hergerichtet werden sollte. Nur die beim Menschen ertappte Hamsterin durfte an diesem Mahl nicht teilnehmen.

Nachdem das Urteil gefällt war, verließ Professor Franz Xaver Cricetus mit seinen Verehrern den Gang und begab sich langsam ins Freie. Die Sonne senkte sich über das Haferfeld. In der Ferne erhoben sich graue hohe Menschenbauten.

Der Gelehrte wies mit einer Kralle hinüber und meinte schmerzlich lächelnd: »Sie sind unsre Feinde und trachten uns nach dem Leben. Aber bedauern müssen wir sie doch.« 196

Die Affenschande

I

»– – und das, mein Lieber, ist mein letztes Wort«, schloß Dr. Nelly Pritschke, indem sie den Arm von der Schulter des ausgestopften Gorillas löste und weit von sich streckte, den Zeigefinger in der Richtung des Glasschrankes, der die toten Meerkatzen beherbergte, den Blick aber, alle Strahlen des prismatischen Kneiferglases zu einem Wurfgeschoß zusammenballend, mit eiserner Strenge mitten im verängstigten Faltengesicht ihres Bräutigams Felix Klötschipper.

Jetzt wußte Felix, woran er war. Vierzehn Jahre waren sie verlobt, vierzehn Jahre, in denen Nellys zoologische Studien sein Vermögen und den Rest ihrer weiblichen Jugend aufgezehrt hatten – und jetzt, da ihr epochales Werk »Niwrad! Zurück zum Affen!« die Braut in den Stand setzte, eine Familie zu ernähren, ja, ein amerikanischer Krösus, selbst ein begeisterter Affenfreund und hingerissen von der umwälzenden Theorie der Zoologin, ihr unbegrenzte Summen zur praktischen Erprobung ihrer Behauptungen zur Verfügung gestellt hatte; jetzt, da also der Eheschließung keinerlei materielle Bedenken mehr im Wege standen und die Heirat für ihn, der schon seiner Wirtin den Zins nicht mehr zu zahlen wußte, zur gebieterischen Notwendigkeit wurde – jetzt diese Bedingung!

Felix Klötschipper war von jeher ein sittenstrenger Mann gewesen, und die vom Vater ererbten Mittel hatten ihm erlaubt, ohne Ausübung eines Gewerbes dem Beruf zu leben, die eigene Sittenstrenge anfeuernd und beispielgebend unter seine Volks- und Zeitgenossen zu tragen. Es gab keinen Verein für keuschen Wandel oder gegen Schmutz und Schund, in dem Felix nicht Vorstands- oder gar Ehrenmitglied war, und wo irgend sich Gelegenheit bot, Anstoß zu nehmen – er nahm ihn.

Eines Tages aber – er stand im sechsunddreißigsten Lebensjahr – lernte er bei einem Vortrag über »Winke zur Veredlung der sinnlichen Triebe in der Tierwelt« die Kandidatin der Zoologie kennen, die ihm von der Vorsehung selbst gesandt schien, seinen Lebensweg fürderhin zu begleiten. Schon ihr Äußeres kam ihm wie eine stete Mahnung zu Keuschheit und Enthaltsamkeit vor, und als er dann erst ihren Geist bewundern gelernt hatte, der schon damals – sie war neunundzwanzig Jahre alt – mit der diszipliniertesten Energie dem Studium der menschenähnlichen Affen oblag, da wußte er: »Diese Frau oder keine! Nur 197 sie wird meinem Wesen, meiner Natur wahres Verständnis entgegenbringen!«

Nelly verweigerte dem Bewerber um so weniger das Jawort, als ihr die gesicherte Lebenslage Felix Klötschippers die Erlangung des Doktorgrades und die Fortsetzung ihrer Studien gewährleistete, welche sie nunmehr auf die Erforschung der Familienbeziehungen hin spezialisierte, aus denen der Mensch in antediluvianischen Zeiten seine zoologische Unabhängigkeit vom Anthropoiden entwickelt hatte. Nicht nur, daß es ihr nun möglich wurde, bei vielen Menagerien und zoologischen Gärten die verendeten Affen aller Sorten im Abonnement zu beziehen, so daß Messungen, Vergleichungen und Untersuchungen jeder Art und die Anlegung einer vortrefflichen Sammlung toter Gibbons, Schimpansen, Hulmanns, Paviane und Orang-Utans ihre wissenschaftlichen Arbeiten wirksam fördern konnten – nein, außer diesen Vorteilen, die sein Vermögen verschaffte, bot auch die Person des Bräutigams in ihrer biologischen Besonderheit einen starken Anreiz für Nelly, ihn ständig an sich zu fesseln. Felix hatte Arme von erstaunlicher Länge, überdies ungeheure, weit abstehende und fächerartig ausgespreizte Ohrmuscheln, und seine Stirn- und Nackenbildung, die in weitem Abstand unter der breiten Knopfnase tief über den sehr großen Mund hängende Oberlippe, das mächtig vorgebaute Gebiß, der Gang und die Behaarung forderten die Gelehrte unausgesetzt zu vergleichenden Beobachtungen heraus.

Zwar dauerte es zwei volle Jahre ihrer Brautzeit, bis sie Felix bewegen konnte, diejenigen Untersuchungen an seinem Körper vornehmen zu lassen, die zur Feststellung von Ähnlichkeiten und Unterschieden etwa zwischen seiner Beckenbildung und fossilen Knochenresten erforderlich waren. Erst als er sich zuverlässig überzeugt hatte, daß seine künftige Gattin nicht entfernt von sinnlichen Begierden bewegt wurde, als sie beispielsweise seine Hinterseite nach den vermuteten Rückständen eines 198 beweglichen Schwanzes zu erforschen begehrte, und als er nach einem eingehenden Blick auf die knochige Gestalt Nellys in sich die Gewißheit erhärtet hatte, daß keine fleischliche Anfechtung seine Sittenfestigkeit bei der Prozedur zu erschüttern drohte – erst da ließ er sich herbei, sich jeweils nur so weit, wie die Wissenschaft die Besichtigung unerläßlich machte, vor der Verlobten zu entblößen.

Ihr gelang es auf diese Art, durch Rückschlüsse vom lebenden Menschen aus, somit durch eine der üblichen Forschung entgegengesetzte Methode, die nahe Verwandtschaft mit gewissen Gattungen von Großaffen aufzuhellen, woran bisher Anthropologen und Paläontologen soviel verlorenen Schweiß gewandt hatten, weil sie glaubten, dem Problem durch Ausgraben der Gebeine von Menschenahnen aus der Tertiär- und Pliozänzeit beikommen zu können. Es gelang Nelly, an ihrem Bräutigam Merkmale festzustellen, die ihn anatomisch in überraschende Nähe zu einer Gorilla-Art brachten, von der neuere Tropenreisende, die sie auf den Komoren angetroffen hatten, berichteten.

In dem zweibändigen Werk, in dem die Forscherin die Ergebnisse dieser Untersuchungen niederlegte, gab sie ausführlich Rechenschaft darüber, wie sie Felix methodisch mit allen bekannten Affensorten verglichen hatte, wie sie zuerst, veranlaßt durch gewisse Eigenschaften, die beim Kauen und andern unwillkürlichen Bewegungen zutage traten, Beobachtungen also sozusagen psychologischer Natur, eine Spur verfolgte, die zur Familie der Brüllaffen führte, bis sie dann doch zur Überzeugung kam, daß bei aller Verwandtschaft auch mit Pavianen und niederen Affen der anatomische Stammbaum zweifellos zu den sogenannten Menschenaffen führe, wobei schließlich nur Schimpanse und Gorilla als Urahn zur engeren Wahl blieben. Nelly Pritschke kam zu dem Schluß, daß keine der lebenden Affenarten unverändert die Charaktere der Menschenvorfahren in sich bewahrt habe. Doch glaubte sie – und hier bahnte sie der Wissenschaft einen neuen Weg zu praktischer Empirie –, daß durch geeignete Kreuzungsexperimente eine Rückzüchtung zu den Übergangsformen zwischen Menschen und Affen und damit eine Neuschaffung des diluvianischen Urmenschen sowohl, als auch des eigentlichen Stammaffen der Menschheit bewerkstelligt werden könne. Der Titel »Niwrad« ergab sich aus dieser Umkehrung der Entwicklungsreihe, die Darwin aufzeigte, von selbst.

Es kam jetzt nur noch darauf an, Expeditionen auszurüsten, um die notwendigen Versuche anzustellen. Die Mittel waren dank der Opferfreudigkeit des amerikanischen Enthusiasten bereit. Jedoch hatte Nellys hinreißender »Aufruf an die Menschheit«, in den ihr Werk ausklang, trotz zahlloser Angebote nicht die erhoffte Auswahl brauchbarer Rückzeugungs-Individuen gezeitigt. Sie hatte darin Männer und Frauen aller Rassen aufgefordert, sich unter Beifügung von Nacktfotografien und beglaubigtem Signalement, das alle nach dem Bertillonschen

Meßverfahren feststellbaren polizeilichen Steckbriefeigenschaften nebst genauer Angabe der Weltanschauung umfassen müsse, »an die Front der Anatomie« zu stellen. Geeignete Bewerber und Bewerberinnen sollten je nach ihrer animalischen Struktur mit der für sie geeigneten Affenart zur Paarung vereinigt werden, und je nachdem, was auf dem Engagements-Kontrakt als Charakteristikum vermerkt war – »Gibbon«, »Orang-Utan«, »Schimpanse« und so weiter –, sollte der oder die Betreffende in die nach Kompanien eingeteilten Register eingeordnet werden. Der Aufruf schloß mit den markigen Worten: »Zurück zum Affen! Freiwillige vor!«

Obwohl sich unter den Hunderten von Bereiterklärungen aus allen Erdteilen, die in überwältigender Mehrzahl von Frauen und Mädchen höherer Altersgrade ausgingen, Prachtexemplare befanden, deren Affenähnlichkeit aus den Lichtbildern verblüffend in die Augen sprang, so ergaben doch bei genauerer Prüfung die Maße und Formen überall eine schon so weit vorgeschrittene zoologische Entwicklung zum ausgestalteten Menschen, daß sich Nelly eine erfolgreiche Rückbildung der Art von keinem der körungswilligen Pioniere ihrer Forschung versprechen konnte. Einzig Felix Klötschipper, ihr Verlobter, entsprach allen Anforderungen, und der Gedanke, er müsse Vater eines Gorillabastards jener neu entdeckten Komoren-Gattung werden, beschäftigte sie tagaus, tagein und verstärkte sich bei jedem Zusammensein mit dem Erwählten. Doch hatte sie noch nie gewagt, das Opfer von ihm zu verlangen, da sie fürchtete, ein solches Attentat auf seine sittlichen Grundsätze möchte ihn zu einer gänzlichen Lösung des Verhältnisses veranlassen und sie dadurch ihres einzigen produktiven Studienobjektes unwiederbringlich berauben.

Jetzt war er aber gekommen, um angesichts seiner bedrängten Lage auf die höchste Beschleunigung der ehelichen Verbindung zu dringen. Er setzte ihr in brodelnden Kehllauten auseinander, daß er seit Monaten schon jeder Fleischkost entraten müsse, da er alles, auch sein Letztes, für ihre Forschungen hingegeben habe, ja, daß er bereits in Schulden geraten sei und die Gläubiger, die er auf seine bevorstehende Heirat mit der berühmten Zoologin vertröstet habe, ihn wegen betrügerischer Vorspiegelungen gerichtlich zu belangen drohten.

Wie er nun so dasaß, die niedrige Stirn in breite Falten gelegt, zusammengekauert, daß die Knie vor dem Brustkasten standen, die schier unnatürlich langen Arme an den Leib gepreßt und mit den vielgelenkigen Fingern in den wolligen Haaren wühlend, wie er die Zähne fletschte in seiner Angst und die Nüstern sich fast bis an die Backenknochen zur Seite bogen, während die Ohren schaukelten, da fühlte sich Nelly von ihrer Forscherleidenschaft unwiderstehlich ergriffen, da empfand sie, daß hier der Erfüller all ihrer Gelehrtensehnsucht sitze und daß es Frevel wäre, länger zu zögern und die Bedrängnis, die ihn ihr auslieferte, ungenutzt zu lassen.

Felix' Schreck, seine Verzweiflung war unbeschreiblich, als er die Bedingung erfuhr, deren Verweigerung den unwiderruflichen Abschied, deren Erfüllung die Hochzeit binnen vier Wochen mit anschließender gemeinsamer Reise zu den Komoren-Inseln bedeutete. Knapp und scharf hatte Nelly Pritschke gesprochen, und der einzige Zucker, mit dem sie die Pille versüßte, war die Zusicherung, daß er gegen sie keinerlei eheliche Verpflichtungen haben solle als die, die er an dem ihm zugedachten Gorillaweibchen erfüllen müsse. – »– und das, mein Lieber, ist mein letztes Wort.«

»Schande! Schande!« stöhnte Felix Klötschipper, »ja, Affenschande!« – Und seine Fingerknöchel staken aus dem Bartwulst hervor wie hölzerne Gardinennägel ... Dann willigte er ein.

II

Die vegetarische Diät, zu der Felix Klötschipper infolge seiner zerrütteten Vermögensverhältnisse schon lange genötigt war, erleichterte die Vorkehrungen, die Dr. Nelly Pritschke zum guten Gelingen ihres Werkes für ratsam hielt. Es gelang ihr in so kurzer Zeit, ihn aller dem Zweck unzuträglichen Kost zu entwöhnen, daß er schon auf der Hochzeitsreise nur mehr Kokosnüsse zu sich nehmen mochte. Auch sein Äußeres paßte sich der Rolle, zu der er bestimmt war, mit jedem Tage der Seefahrt besser an, was nicht allein den schlingernden Bewegungen des Schiffs zuzuschreiben war, die ihn das Sitzen auf der niedrigen Bordbank mit rücklings ineinander geknoteten Beinen und auf den Boden aufgestützten Händen als natürliche Haltung begreifen lehrten, sondern auch der seelischen Pein, die Stunde immer näher heranrücken zu fühlen, wo er in den vier Armen einer Äffin die bislang streng gehütete Keuschheit seines Wandels preisgeben sollte. Immerhin überredete sich Felix zu dem Trost, daß er ja doch inzwischen ein verheirateter Mann geworden sei und überdies der Vorwurf, er fröhne der Sinneslust, schon durch die Beschaffenheit der für ihn ausersehenen Partnerin Lügen gestraft werde. Dennoch machte ihm der Gedanke Beschwerden, ob den Eingeborenen auf den Komoren dieses Argument einleuchten werde und ob nicht die Art seiner Verwendung im Dienste der Wissenschaft, wenn sie ruchbar werde, seiner Missionstätigkeit für die Hebung der Sittlichkeit bei den Wilden abträglich sein könne.

An Ort und Stelle hatte Nelly mit Hilfe des ihr von dem Dollarmillionär beigegebenen Stabes von Affenjägern, Turnlehrern, Architekten, Dolmetschern, Tierbändigern und Professoren bald genug alle Einrichtungen geschaffen, die dem Fortpflanzungsgeschäft ihres Gatten förderlich schienen. Die gesuchte Affenrasse wurde ermittelt; ein wohlgestaltetes Gorillaweibchen, das den Rufnamen Justine erhielt, bekam in einem geräumigen, mit einer breiten Ottomane möblierten Käfig Quartier, und Felix Klötschippe lernte von einem nahe stehenden Baum aus an die Gitterstäbe anzuspringen und daran mit großer Gelenkigkeit herumzuturnen, so daß sich Justine an seinen Anblick gewöhnte und auch er selbst bald die Scheu verlor, sich in den für eine Äffin verführerischsten Stellungen mit seinen langen Gliedmaßen vor der Mutter seiner erhofften Züchtung zu zeigen.

Die Absicht, den Inselbewohnern in Missionskursen seinen Abscheu gegen Unzucht sowie Schmutz und Schund in Wort und Bild einzuflößen, mußte Felix aufgeben, weil ihn die Dolmetscher darüber aufklärten, daß ähnliche Versuche bereits früher unternommen worden, aber an der leider bloß Heiterkeit erregenden Wirkung, die sie erzielten, erbarmungslos gescheitert seien. Durch diesen Verzicht auf die Ablenkung seiner Gedanken von den possierlichen Versuchen Justinens, vor dem Turner an ihren Käfigstäben graziös zu kokettieren, geschah es, daß Felix Klötschipper allmählich ein nie gekanntes Gefühl in sich aufsteigen spürte, das ihn zu immer vollkommeneren turnerischen Leistungen anspornte und ihn auch in Stunden, in denen er dazu nicht verpflichtet war, in die Nähe des Gorillamädchens drängte. Nelly, seine Gemahlin, die ihn scharf beobachtete, überraschte ihn sogar dabei, wie er sich über den Kopf weg mit der rechten Hand die linke Backe kratzte, und bei ähnlichen unwillkürlichen Gesten, die die aufkeimende Sympathie für Justine verrieten.

Es ist nie ermittelt worden, ob die Initiative schließlich von ihm oder von ihr ausgegangen war. Tatsache ist, daß Felix im Affenkäfig bald ein und aus ging und daß Justine genau neun Monate, nachdem sein

Besuch bei ihr zum ersten Male festgestellt werden konnte, eines kräftigen Söhnchens genas.

Die Freude war allgemein und am größten bei Frau Dr. Klötschipper-Pritschke, die den Kleinen mit Lupen und Pinzetten von allen Seiten genau untersuchte, aber zu keiner Lösung der Frage kommen konnte, ob Körper und Gliedmaßen mehr Eigentümliches von Vater Felix oder von Mutter Justine erhalten hätten. Man mußte abwarten, wie sich die Anlagen beim Wachstum entwickeln würden. Das Gorilla-Menschchen erhielt den Namen Cyrill.

Nellys Studien erschöpften sich aber keineswegs in der Beobachtung der Beziehungen zwischen Felix und Justine und des Gedeihens ihres Kindes. Vielmehr betrieb sie die Wissenschaft, zu der sie daheim Fossilien und ausgestopfte Tiere benutzen mußte, hier mit Eifer an lebenden Geschöpfen. Häufig mußte Felix zu neuen Messungen erscheinen, die zugleich auch an einem männlichen Gorilla vorgenommen wurden, den zu einem friedfertigen und munteren Hausgenossen zu erziehen ihr in erstaunlich kurzer Zeit gelungen war.

Eines Tages unterbrach die Forscherin ihre Arbeiten. Sie legte sich ins Bett, und als sie wieder aufstand, sah sie schlanker aus als je zuvor und drückte ein nur undeutlich erkennbares kleines Wesen an die merkwürdig prall gewordene Brust. Felix, in dem die Erinnerung an seine Sittenstrenge lebendig aufwallte und der sich nicht vorwerfen konnte, den Dispens von seinen Ehemannsrechten je durchbrochen zu haben, murmelte »Affenschande!«, begab sich aber alsbald wieder zu seiner Justine. Nellys Töchterchen wurde Effie benannt.

Das Leben auf den Komoren verlief nun ziemlich regelmäßig. Die Zoologin setzte ihre Studien an ihrem Gatten und seiner Äffin, an ihrem Affen und den beiden bisherigen Erzeugnissen ihrer Forschungsmethode fort, ohne indessen der Gelehrtenwelt epochemachende Berichte zu geben. Dazu sollte erst erkannt werden können, welche Wege besonders die geistige Entfaltung Cyrills und Effies nehmen werde. Auch scheute sie sich, öffentlich zu bekennen, in welch nahe Familienbeziehungen ihr Gemahl und dann sie selbst zu den Objekten ihrer Theorie getreten war.

Der behagliche Friede, an den sich die vier zur Ehe gehörenden Individuen gewöhnt hatten, wurde jäh zerrissen. Eines Nachts erwachte Felix und fand das Lager neben sich leer, und in der gleichen Nacht erlebte Nelly dasselbe. Am Morgen standen die beiden verlassenen

Gatten einander gegenüber, er mit der mutterlosen, sie mit der vaterlosen Waise an der Hand. Effies Vater war – kein Zweifel konnte bestehen – mit Justine auf und davon gegangen. Jetzt mochten sie wohl im Geäst eines Kokosnußbaumes drüben im Urwald schäkernde Kurzweil treiben, von der kein Züchtungsprodukt im Sinne von »Niwrad« zu erwarten stand.

Felix und Nelly Klötschipper hatten ihren Entschluß bald gefaßt. Der Gönner in Amerika erhielt Nachricht, daß die Forschungen an Ort und Stelle abgeschlossen seien und die Gelehrte zurückreise, um die Ergebnisse daheim zu verarbeiten. Die Affenjäger, Turnlehrer, Architekten, Dolmetscher, Tierbändiger und Professoren wurden ausbezahlt und entlassen, und die beiden Kreuzungsfahrer bestiegen mit Cyrill und Effie ein Schiff und verließen die Komoren.

Die Rückkehr von der ausgedehnten Hochzeitsreise nach fast drei Jahren wurde von allen Freunden und Bekannten freudig gefeiert. Man bewunderte allgemein die reizenden Kinderchen, und lange wurde gestritten, wem der Junge und wem das Mädel am ähnlichsten sehe. Endlich entschied Tante Hildegard: »Aber Cyrillchen ist doch unsrer Nelly wie aus dem Gesicht geschnitten!«, und »Ganz die Mama!« riefen alle Verwandten und Freunde. »Und Effiechen«, sagte Tante Hildegard jubelnd, »ist doch der Felix, wie er leibt und lebt!« – »Ganz der Papa!« rief jetzt alles wie aus einem Munde.

Die Familie Klötschipper-Pritschke gewöhnte sich rasch in die heimischen Verhältnisse ein. Aber eine bemerkenswerte Folge der komorischen Erlebnisse machte sich bei dem alternden Ehepaar geltend. Felix erlitt plötzlich beim Anblick seiner Gattin Anfechtungen, wie er sie früher nie empfunden hatte, und auch Nelly sah den Gemahl mit andern Augen als denen der forschenden Zoologin. Nicht lange währte es, daß sie die Wandlung voreinander verborgen halten konnten; als es Frühling wurde, erwachten sie, eins in den Armen des andern, und der Mann schaute der Frau ins Auge und fand sie lieblich wie einst seine Justine, und die Frau lächelte dem Manne zu und fühlte das gleiche wie einst bei dem Vater ihrer Effie.

Die Kinder aber wuchsen heran, und alle bewunderten ihre Anmut und fanden sie den Eltern immer ähnlicher. Es zeigte sich, daß ihre geistige Entwicklung die Bahnen einschlug, die auf die menschliche Herkunft zurückführten, während die Gorilla-Gestaltung der Körper den Freunden und Nachbarn ohnehin nicht auffiel. Leider mußten aber grade darum Nellys Untersuchungen ihren Abschluß finden, ehe die Rückzüchtung zum Affen in die zweite Generation fortgesetzt werden konnte.

In Cyrill prägte sich, als er zum Jüngling heranwuchs, der sittenstrenge Charakter des Vaters in einem Maße aus, daß jede Hoffnung, er werde je sinnlichen Begierden verfallen und, sei es mit den Basen väterlicher- oder mütterlicherseits, Nachkommen erzeugen, gänzlich verloren war. Effie hingegen erbte Mutter Nellys Hang zu wissenschaftlichen Artstudien. Sie warf sich auf die Erforschung der menschlichen Reinrassigkeit. So blieb auch sie die letzte ihres Stammes. Denn, so intensiv sie auch nach einem ebenbürtigen Vater für ihre Kinder suchen mochte, sie fand keinen, der ihren Ansprüchen an Reinrassigkeit genügt hatte. Für die Vermischung ungleichen Blutes aber pflegte sie sich desselben Ausdrucks zu bedienen, den ihr Bruder stets gebrauchte, wenn ihm ein auch nur andeutender Hinweis auf geschlechtliche Verirrungen vor Augen oder Ohren kam. »Das ist ja eine wahre Affenschande!« sagten sie beide in solchen Fällen.

Cyrill und Effie Klötschipper-Pritschke erreichten, geliebt und geachtet von ihren Mitbürgern, in ihrem jungfräulichen Stande ein hohes Lebensalter: er als künstlerischer Beirat der staatlichen Sammlungen und als Theaterzensor, sie als Abgeordnete der völkischen Partei.

Der sechzigste Geburtstag

Am 14. Juli 1918 beging Jakob Bröschke seinen sechzigsten Geburtstag. Es war ein schönes Fest.

Frau Adele hatte es ja nicht leicht gehabt. So robust ihr Körper bei all seiner Knochigkeit gebaut war, schließlich war sie doch nur vier Jahre jünger als der Gatte, und das tagelange Auf und Ab und Hin und Her, das Umwerkeln in den Zimmern, das Herrichten behaglicher Unterkunft für Kinder und Enkelkind, das Anordnen jeder Kleinigkeit – denn was nützte alles Schreien und Kommandieren mit Frau Domnick und Frida, dem Hausmädchen: wo sie nicht selbst Hand anlegte, war's ja doch nicht das Richtige, und wenn auch Grete schon seit zwei Tagen da war, eine verheiratete Tochter will als Gast behandelt werden, und ihr bißchen Hilfe wiegt die Mehrheit nicht auf, die sie für Mann und Kind und die eignen Bedürfnisse beansprucht –; kurz und gut, die 207 Vorbereitungen zu dem großen Tage, über denen doch die Mahlzeiten und die regelmäßigen Anforderungen des Haushalts nicht vernachlässigt werden durften, hatten auch ihrer gesunden Konstitution gehörig zugesetzt.

Als sie am Vorabend glücklich um halb zwölf Uhr mit brennender Kerze ins Schlafzimmer getreten war – Jakob hatte sich schon, Um morgen bei Kräften zu sein, um neun in die Federn gewälzt; Käte und Eugen hatten sich eine Stunde danach in die zur Familienwohnstätte umgebaute gute Stube zurückgezogen, und Frida turnte grade laut gähnend zu ihrer Dachkammer hinauf –, da warf Adele mit einer Bewegung, die alle Gelenke knacken ließ, das Hauskleid über den Kopf und auf einen Stuhl, löste mit zwei Griffen die graumelierte Frisur auf, deren stärkeren, braunen Teil sie im Schubfach der Spiegeltoilette verwahrte, lockerte ein paar Bänder, Haken und Nadeln, was ihr gestattete, Beinkleid und Unterröcke gleichzeitig fallen zu lassen und mit raschem Zufassen zugleich mit den Hausschuhen abzustreifen, riß das Mieder resolut über die dürren sehnigen Arme und setzte sich dann, nur noch mit dem kurzen ärmellosen, um Hals und Nacken halbrund ausgeschnittenen Hemd und mit schokoladebraunen gestrickten Strümpfen, die über den Knien von Gummizugbändern umschlossen waren, bekleidet, auf den Rand ihres schon hochgeschlagenen Bettes. Jetzt erst nahm sie sich die Muße, die Glieder gründlich zu recken. Die langen roten

Hände schlössen sich, und die Arme stießen mit leichter Drehung nach außen vor, so daß über den Ellenbogen eine tiefe eckige Einbuchtung entstand, während zugleich ein aus den Eingeweiden vorgeholter prustender Ton aus Adeles Mund pfiff. Hierauf bückte sie sich und rieb mit beiden Händen vom Knie bis zur Fessel an beiden Beinen entlang, ehe sie sich zu den weiteren Maßnahmen zum Schlafengehen entschloß.

Langsam entfernte sie die Ohrringe aus den Läppchen und legte sie auf den Nachttisch. Dann griff sie sich mit Daumen und Zeigefinger der linken Hand in den Mund und entnahm ihm die sechs mittleren Zähne der oberen Reihe, die ihren Platz im Nachtkästchenschubfach fanden. Ein Blick aufs Nachbarbett überzeugte sie, daß die sichtbaren Merkmale tiefen Schlummers mit den hörbaren, die der Gatte von sich gab, übereinstimmten; so nahm sie aus der Schublade einen Schlüssel, öffnete damit den Kleiderschrank und legte für sich selbst das violette Besuchskleid heraus, während sie vorsichtig wie bei einer Diebestat den neuen Schlafrock vom Haken löste, der ihre Überraschung zu Jakobs Geburtstag sein sollte. So leise wie möglich und unter wiederholtem ängstlichem Umschauen nach dem Schnarchenden schloß sie den Schrank wieder ab, dekorierte einen Stuhl am Fußende der Betten mit dem Geschenk und wandte sich nun mit Entschiedenheit den letzten Anordnungen ihrer Nachtgarderobe zu.

Drei Finger unter das Strumpfband gespreizt, ließen sich die Beine rasch entkleiden, und während eine Hand bereits unter dem aufgestülpten Deckbett Nachthemd und Jacke herauszog, hatte die andre schon das leichte Hemd über der Schulter aufgeknöpft, so daß es nun haltlos den Leib hinab auf die bloßen Füße rutschte, die ihm sogleich entstiegen.

Bis sie die Glocke des Nachthemdes geöffnet hatte, um mit Kopf und Armen darin zu versinken, stand Frau Adele Bröschke in herber Nacktheit in ihrem ehelichen Schlafgemach. Ob die Gemahlin des Volksmannes aus ihren Mädchenjahren noch oder aus der Zeit jener Frühwochen gattlicher Gemeinschaft, da die Sorge, für den Herzliebsten schön genug zu sein, keinen wichtigeren Gedanken zuließ, die Gewohnheit abzulegen vergessen hatte, oder ob die weibliche Natur allgemein und unbekümmert um Lebensalter und Vergänglichkeit von Reiz und Sinnenlust den Hang zum Selbstgefallen in sich birgt – gleichviel: die gänzlich entkleidete Frau benutzte die kurze Spanne Zeit zwischen dem Wechseln von Tag- und Nachthemd, um mit einer kurzen Wendung des Nackens die eigene Figur in dem von flackerndem Kerzenlicht hinlänglich beleuchteten Spiegel zu überschauen.

Mochte die Geste immer mechanischer Angewohnheit entstammen, gewiß ist, daß es kein gedanken- und interesseloser Blick war, den Adele auf ihren doch schon großmütterlichen Akt fallen ließ. Denn ihr erstes war, daß sie mit den Fingern ins Haar fuhr und die dünnen grauen Strähnen mit zausender Gebärde über einen kahlen Spalt schichtete, der von der Stirn zum Scheitel klaffte. Und auch dann noch schweiften ihre grauen Augen verräterisch lange an der spitzen Nase über den Wulstmund mit dem überhängenden Oberkiefer, das lange Kinn und den dürren Hals hinweg, vorbei an den schmalen hohen Schultern, aus deren Knorpeln die blauroten Arme allzulang herabhingen, und am Leibe selbst dahin, dessen flache Eingedrücktheit, nur von den, von sichtbaren Rippen getrennten, wie leere Papiertüten herabhängenden Busenresten unterbrochen, sich unterhalb des Nabels noch einmal wölbte, die Hüftknochen weit herausragen ließ und da, wo die mageren Schenkel sich gabelten, hohl einfiel, bis endlich zu den wappenschildförmigen, eingedrückten Knien, von denen aus die behaarten Beine in die schwarze Schattenfläche des Spiegels unsichtbar versanken. Einen Augenblick hängte Frau Bröschke ihre langen Wimpern über die Augen, dann gab sie sich einen Ruck, schlüpfte ins Hemd, das den ganzen Körper verhüllte und nur die platten breiten Füße mit den gekrümmten Zehen und ihren dunkeln Nagelrändern frei ließ. Der Oberleib wurde überdies noch in die blaugestreifte Nachtjacke geknöpft, und mit einem Schwung saß Adele im Bett, zog die Decke über die in spitzem Winkel hochgestellten Knie, schleuderte die Füße gradeaus von sich weg, wobei sie den Rand der Bettdecke unter das Kinn klemmte, und lag langgestreckt, den müden Leib wohlig den Kissen hingegeben, nach vollendetem Tagewerk an der Seite Jakob Bröschkes.

Das Licht ließ sie weiterbrennen. Denn, so abgerackert sie war, 210 wollte sie wach bleiben, bis die Mitternachtsstunde und mit ihr der Festtag da wäre. Zur Entgegennahme ihres Glückwunschkusses, so hatte sie es sich vorgenommen, sollte Jakob eine Minute lang den Nachtschlummer unterbrechen. Dann wollte auch sie sich bis zum Anbruch des Tages der zufriedenen Ruhe des Schlafes hingeben.

Mit halbgeschlossenen Augen döselte sie vor sich hin. Die kleinen Episoden des abgeschlossenen Tages liefen wie die Hundertmetersteine an der Landstraße an ihrem Gedächtnis vorbei. Da war morgens beim

Einholen gleich der Ärger gewesen, daß sie nirgends Hefe für den Kuchen auftreiben konnte. Wie besorgt sie um alles gewesen war: Mehl hatte sie seit langem zusammengespart für den Riesenkuchen am Ehrentage, Zucker war dank der Opferwilligkeit ihrer Bekannten, bei denen sie seit Wochen herumgebettelt hatte und die alle ein viertel Anteil hergegeben hatten, auch da; Eier hatte sie von der letzten Hamsterfahrt genügend mitbringen können. Und ihrer Krämerin Frau Reiser war es sogar gelungen, Rosinen zu beschaffen. Selbst ein wenig Milch konnte in den Teig gerührt werden – die Frau eines armen Parteigenossen hatte ihr die Tagesration ihres Kindes gegen fünf Pfund Brotmarken und ein Päckchen Haferflocken abgetreten –, die Gäste sollten einen Stollen und einen Gugelhopf vorgesetzt bekommen wie in Friedenszeiten. Und da hatte sie nicht gleich daran gedacht, für Hefe vorzusorgen! Wer hätte aber auch vermuten sollen, daß sogar so etwas ausgehen könnte! Die Reiser hatte die Hände unter die Schürze gesenkt und die Schultern bewegt; bei Frau Unglaub im Delikatessengeschäft war's ihr nicht besser gegangen, nicht einmal Bäcker Friedell wußte Rat. Es war wirklich eine verzweifelte Geschichte. Adele wollte schon zu Frau Töpfermeister Distel hinaufgehen, ob sie nicht aushelfen könnte; aber das tat sie ungern, sie hätte sich auch erst ein wenig anziehen müssen, und ob sie die Hefe dort bekommen hätte, war nicht einmal sicher. Jedenfalls ging sie erst mal zum Zigarrenhändler Wirrgarn; da ließ sie ein schönes Stück Geld. Gute Zigarren – den Besuchern an solchem Tag konnte man doch keinen Ausschuß vorsetzen – kosteten 65 Pfennig das Stück; dreißig Stück mußte sie mindestens rechnen, das waren schon fast zwanzig Mark. Und dann noch die Zigaretten! – Eugen Riemann, der Schwiegersohn, rauchte ja bloß Zigaretten – überhaupt der mit seinen feinen Passionen! – ein paar mal eingesogen, und dann den Rest in den Aschbecher, das war ja nicht zum Gutmachen. Fünfzig Stück mußte sie schon kaufen – und zwölf Pfennige jede! – Aber wie der Zufall manchmal spielt! Wie sie Herrn Wirrgarn das Geld hinzählt und ihm dabei ihr Leid klagt wegen der Hefe, meint er: »Warten Sie mal, Frau Bröschke!« – geht ans Haustelefon und ruft zu seiner Frau hinauf: »Mausi! Hast du nicht ein Stück Hefe für den Kuchen zu Herrn Bröschke seinem sechzigsten Geburtstag?« – Und nach zwei Minuten kommt auch schon der kleine Alfred damit in den Laden heruntergesprungen! Das war mal wieder gut gegangen. Nachher in der Küche der Aufruhr, daß sie kaum wußte, wie sie sich am Herd bewegen sollte.

Das war sonst ihr Reich, wo sie ungestört allein waltete. Frida hatte nur das Gröbste zu machen, Kartoffel schälen oder Rüben schaben, für alles andere sorgte Adele selbst, und das Mädchen konnte indessen im Gang oder in den Stuben aufwischen, die Fenster putzen oder sonst nötige Hausarbeit verrichten. Heute aber – Herrgott! – Käte mußte ihr auch in jeden Topf kucken, und dabei immer noch das Getue um ihren Eugen! In der Suppe hatte er gern viel Zwiebeln, und die Sauce für die Kartoffelklöße durfte nicht zu mehlig sein – und was nicht alles. Na ja, es war ja recht, daß er sie noch geheiratet hatte, wenn er sie auch lange genug drauf hatte warten lassen; Elly hätte wahrhaftig nicht erst vier Jahre alt zu werden brauchen dazu! – Immerhin gut, daß es noch so gekommen war und daß Käte nach den drei Jahren ihrer Ehe in ihrem Mann noch ebenso den Heiligen sah wie zu Anfang. Schließlich hätte er ja wohl wirklich vor dem Krieg die Tochter des Sozialdemokra-ten nicht heiraten können, wollte er nicht seine ganze Beamtenkarriere aufs Spiel setzen. Bloß, so ein Wesen brauchte sie auch nicht davon zu machen, daß Riemann nun zum Obersekretär befördert worden war und das Ferdinandskreuz für Verdienste in der Heimat bekommen hatte. – Nein, es war nicht schön gewesen heute beim Kochen! Eugen vorn und Eugen hinten! Und dazwischen das Geplapper und Gerenne der Kleinen! Allerliebst war ja das Kind geworden, seit sie von Papa anerkannt und bei den eignen Eltern war. Ein richtiger kleiner Racker war sie, die Elly. Was sie nur alles zu erzählen wußte von den Puppen und von der Schule und wie komisch die Lehrerin aussieht – und vor allem von Baby, von Hans, dem Brüderchen! Gott sei Dank, daß Käte das Wurm nicht auch noch mitgebracht hatte! So lieb sie ihr Enkelchen hatte – bei dem Trubel jetzt ein anderthalbjähriges Kind im Hause, das wäre ein Geschäft! – Ein bißchen leid hatte ihr das arme Ellychen ja auch getan. Wie sie gebettelt hat, daß sie morgen auch dabei sein dürfte, wenn all die vielen Leute Großpappi zu gratulieren kämen! Na, das ging ja nun mal nicht. Das siebenjährige Mädchen – und wo jeder wußte, daß Käte erst während des Krieges geheiratet hat. Das Kind hatte sich ja schließlich auch getröstet und der Großmutter sogar heimlich hinten das Schürzenband aufgeknotet, als sie grade die Klöße übergoß. Da hätte leicht die Hälfte danebengehen können. Aber daß Käte der Kleinen dafür einen Klaps geben wollte, hatte Großmama doch nicht geduldet.

Nach Tisch hatten sie und Käte den Männern beim Kaffee Gesellschaft leisten müssen, während es soviel zu tun gab. Und was ging sie das Gespräch viel an! Um nichts als um Krieg und Politik drehte sich's. Wie die Männer sich nur so streiten mochten um Nebensächlichkeiten, die es doch schließlich waren. In der Hauptsache waren sie ja vollkommen einig, daß jetzt bei den großen Siegen an der Westfront und bei den kolossalen Erfolgen des U-Bootkriegs der Friede ganz bestimmt bald da sein müsse. Das wäre wohl gewiß ein Segen vom Himmel. Bald vier Jahre jetzt das Gemetzel, und dabei die Teuerung und die Not bei den armen Leuten, und man selbst konnte auch das Nötigste nicht mehr kriegen, und dann die gräßliche Aufpasserei mit den Marken und das Gelaufe wegen jedem Dreck und das Anstehn! Ob da der Schwiegersohn am Ende recht behielte, daß der Friede von Hindenburg diktiert werden müsse, oder Jakob, daß es nur ein demokratischer Friede sein dürfe und daß nachher das Volk überall selbst mitreden solle, das wollte sie nur ruhig abwarten, ihr würde jeder Friede willkommen sein. – Schade, daß Anton noch nicht dabei sein konnte. Der hätte wohl auch seine eigne Meinung zu der Sache gehabt. Aber seit der bei der Kunsthonigstelle war, war ja seine Zeit ganz schrecklich in Anspruch genommen. Gott sei Dank, daß Vater ihn wenigstens hatte unterbringen können, wo er unabkömmlich war. Und mit dem Nachtzug würde er ja kommen – jetzt saß er schon auf der Bahn! – und das Frühstück würde ihm warm gestellt.

Ja, die beiden ältesten Kinder würden zu Vaters Ehrentag zu Hause sein – nur Theodor, der Jüngste, ihr Liebling, durfte nicht kommen. Jakob hätte doch um Urlaub für ihn eingeben sollen. Mein Gott, wegen der dummen Politik verstößt man doch nicht sein leiblich Kind aus dem Elternhause! Gewiß, es mochte ja nicht recht gewesen sein von dem Jungen, daß er zu den Unabhängigen übergetreten war. Aber so wie Vater darüber urteilte, daß er sein Vaterland in der Stunde der Not im Stich ließe, brauchte man es doch auch nicht aufzufassen. Er meinte gewiß selbst, daß er recht tat und daß auf seine Weise der Krieg am schnellsten aussein würde – und mit einundzwanzig Jahren ging eben das Gefühl leicht noch mit einem durch. Da fühlte sie als Mutter denn doch besser mit, wenn sie es natürlich auch nicht billigen konnte; und vor allem hätte sich Theo nicht gegen den Vater auflehnen dürfen, der noch dazu mit seiner politischen Stellung Unannehmlichkeiten von der Querköpfigkeit des Bengels haben konnte. – Wenn sie ihn nun bloß nicht an die Front schicken wollten! Bis jetzt war es Jakob ja immer noch geglückt, dem Jüngsten zu helfen, daß er in der Etappe verwandt wurde – und auch da hatte er sich das eiserne Kreuz erworben! –, aber jetzt, wo er aus der Partei ausgetreten und offen zu den Unabhängigen gegangen war, da würde man ihn schnell genug in den Schützengraben holen, und Vater hatte erklärt – und diesmal war es sein Ernst –, daß er für diesen Sohn keinen Finger mehr rühren würde. Die Angst jetzt um den Jungen zu allem übrigen – wenn es ihr nur gelänge, Jakob da umzustimmen! Ihn kostete es ja nur ein Wort, daß man Theo an keinen gefährlichen Posten stellte. – Und so ein guter Mensch, wie Theo immer war! Schon als kleiner Hosenmatz – von jedem Stück Schokolade hat er Mammi abbeißen lassen; Anton war viel selbstsüchtiger gewesen. Und so nett wie Theo als Kind spielen konnte! Da saß er in der Mitte des Korridors und hatte die Schienen seiner hölzernen Eisenbahn rund um sich herumgelegt, und dann zog er die Lokomotive auf, und der Zug fuhr herum, immer herum – summ – summ – summ – – –

Nebenan im Wohnzimmer schlug die Uhr zwölf. Sehr energisch klopfte der Hammer auf die Messingglocke. Adele öffnete ein wenig die Augen. Da merkte sie, daß die Kerze brannte, hörte die raschen Schläge der Uhr und fand sich zurecht. Sie war also doch eingenickt gewesen, ganz gegen die Absicht. Gut, daß sie das Licht nicht ausgelöscht hatte, sonst hätte sie die Stunde ganz gewiß verpaßt und sich elend geärgert. Sie blickte nach dem Lager ihres Gatten, dann darüber hinweg zum Fenster. Der Mond schien kräftig durch den Mullvorhang ins Zimmer. Sie richtete sich auf und drückte mit zwei Fingern den Docht der Kerze zusammen. Einen Augenblick war es dunkel, doch gleich gewöhnten sich die Augen an die schönere Dämmerbeleuchtung, die in zarter Andeutung jeden Gegenstand im Räume erkennbar machte. Ein bläulicher Mondstrahl fiel grade auf das Bett zur Linken und umspielte die Glatze des friedlich schlummernden Bröschke mit mildem Glanz.

Adele neigte den Kopf zu ihm hinüber. Gurgelnde Laute drangen an ihr Ohr. Sie quollen von der Gaumengrotte die Zunge entlang an den halbgeöffneten Mund des Schläfers, von wo sie im Tempo der Atemzüge mit einem geflüsterten Pfeifen ausgeblasen wurden, um sich an den überhängenden Spitzen des weißgrauen Schnurrbarts in winzigen Speichelperlen zu materialisieren. Langsam näherte Adele ihr Gesicht dem seinigen, bis sie, den Körper vorsichtig nachziehend, halb vorgebeugt auf der Seite lag und den Mann geradeaus anschaute. – Ein Ausdruck seligster Weltausgesöhntheit verklärte ihn. Die Lider waren tief über die Augen gezogen, so daß die Wimpern wie Fransen auf den Tränensäcken lagen. Die knollige Nase schien sich lebensfroh dem kosenden Mondstrahl zu neckendem Scherz darzubieten und sog mit geblähten Nüstern Wohlgefallen ein. Die Lippen kräuselten sich, wie erheitert von dem anmutigen Spiel der Schnarchwellen, zu glücklichem Lächeln, und der ausgleichende Schimmer des Mondlichts ließ die blaurote Farbe der Glatze, das tiefe Blau der Schläfenadern, das Ziegelrot der Backen und das Lila der Nase zu einer violett getönten Gesamtpalette voll friedlichen Behagens verschmelzen.

Schelmisch probierend senkte Adele ihren Mund leicht auf Jakobs gesprungene Unterlippe. Ein wohlgefälliges Schwappen des Schnurrbarts quittierte den Kuß und ließ ahnen, daß der wunschlos feste Schlaf von dem duftigen Weben eines vergnüglichen Traumes belebt zu werden begann. Doch blieb die Haltung des Träumers unverändert, die Merkmale des Schlafs wichen nicht von seinem Antlitz, nur der Mund öffnete sich um ein weniges mehr.

Das benutzte die Gattin zu einem neuen Angriff listiger Zärtlichkeit. Sie legte ihren Mund sanft und ohne Druck auf seinen und kitzelte ihn mit der Zungenspitze federnd unter der Oberlippe.

Mit lustiger Neugier sah sie zu, wie die Engel des Schlummers allmählich die Flügel spreiteten, um den glücklich Entrückten weich in die irdische Wirklichkeit zurückgleiten zu lassen. Als ob ihm eine aromatische Frucht zum Imbiß geboten würde, schnoberte seine Nase in die Luft, seine Lippen rundeten sich, als wollten sie Rauchringe blasen, und streckten sich vor, und indem sie an den dicken weichen Lippen Adeles haftenblieben, trat eine Verbreiterung des ganzen Gesichts ein, die zu beiden Seiten der Nase horizontale Falten und eine liebenswürdige Aufblähung der Backen hervorrief.

Damit trollte sich der Schlaf endgültig. Unter der Bettdecke arbeitete sich der rechte Arm hervor, und die Hand fuhr erst von unten nach oben mit breiter Fläche über das eigene Gesicht, wobei sich die Augen zwinkernd öffneten, dann legte sie sich verlangend um Adeles Nacken.

»Du! Ich gratuliere auch schön. – Weißt du nicht, was los ist, Alter?«

Der Volkstribun holte aus dem Bauch herauf Atem und stieß ihn schnaubend durch Mund und Nasenlöcher von sich. Er besann sich.

»Ja. Ist's möglich? Ist schon Zeit zum Aufstehn?«

»Unsinn. Grad hat's zwölf geschlagen. Du hast Geburtstag, Männchen!«

»Sieh mal an. – Ja, dann ist jetzt der vierzehnte Juli –?«

»Merkst du was? – Du bist ja noch halb im Schlaf, du! – Denk nur mal nach. Dein sechzigster Geburtstag fängt eben an.«

Jakob Bröschke saß mit einem Ruck aufrecht im Bett. »Herrgotts Donnerkiel! – Denk bloß an, Alte, dann bin ich jetzt sechzig Jahr alt!«

»Hast du's jetzt begriffen, Schlafmütze – so, und nun wünsche ich dir ein langes glückliches gesundes Leben und alles Schöne und Gute auf der Welt!«

Damit packte Adele ihren Mann mit der rechten Hand unter der linken Achsel, schwenkte ihre obere Partie an ihn heran und versetzte ihm vier, fünf lautschallende Küsse auf den Mund. Bröschke nahm jeden von ihnen mit katerhaftem Zukneifen der Augen in Empfang. Dann blinzelte er die Gattin an, während sich nacheinander zwei Vorderzähne auf der gesprungenen Lippe sehen ließen.

»Dank schön, Liebling. Wolln mal sehn, was das Jahr bringt.«

»Was wünschst du dir denn?«

»Ja – na, das wird sich wohl beizeiten herausstellen.«

»Bist du gar nicht ein bißchen neugierig?« – Adele schielte zum Bettende hinunter, wo der Kragen des neuen Schlafrocks die Lade ein wenig überragte.

»Deelchen! Deelchen! Du hast wohl 'ne Überraschung für mich?«

»Rat doch mal!«

»Wie soll ich das wohl raten, Kind! Das werd ich ja morgen immer noch zu sehn kriegen.«

»Ach du! Freust du dich denn gar nicht ein bißchen drauf? – Da, kuck mal über den Bettrand.« – Sie zeigte mit dem Finger hin, und Jakob bemühte sich, etwas zu erkennen.

»Ich seh bloß was rundes Schwarzes. – Am Ende ein neuer Hut?«

»Oh, du altes Kamel! Wo du doch zwei Hüte hast, den hellen weichen und den steifen runden. Die kannst du beide noch sehr schön tragen. Und außerdem ist ja auch noch der Zylinder da. – Nein, es ist viel was Schöneres.«

»Na, dann sag es mir man lieber gleich. Ich komm doch nicht drauf.«

»Ein Schlafrock ist es. – Ich hab ihn selbst gemacht.«

»Ein Schlafrock? – Ih du Donnerwetter! Ja, den kann ich brauchen. Wahrhaftig. Die kurze Wolljacke war doch nichts Rechtes mehr.«

»Ja, denk bloß, Schmirl sein Schwiegersohn ist doch neulich Leutnant geworden, da hat er sich einen neuen Mantel zugelegt, und den alten hat Suse mir verschafft, und ich hab ihn färben lassen und für dich als Schlafrock zurechtgeschneidert, mit violetten Aufschlägen und Kragen und ebensolchem Strick um den Bauch.«

»Hat er denn auch ordentlich Taschen?«

»An jeder Seite eine, und innen noch zwei große Brusttaschen.«

»Das ist gut. Daß ich doch weiß, wo ich mein Taschentuch und die Zeitungen oder die Sitzungsprotokolle immer gleich hinstecken kann.«

Adele streichelte ihm mit der flachen Hand über die Glatze. »Siehst du wohl, Papachen, ich hab schon an alles gedacht. Möchtest du den schönen Schlafrock aber nicht gleich ansehn?«

»Gleich, Schatz.« – Damit faßte er jedoch seine Frau fester um den Hals, als ob er Angst hätte, die Gemütlichkeit könnte durch große Umstände gestört werden. »Komm nur erst mal her, daß ich mich auch richtig bedanken kann.«

Da schob Adele ihren ganzen Oberleib ihm entgegen, und als er jetzt auch mit dem linken Arm um sie herumgriff und sie an sich zog, arbeitete sie mit den spitzen Knien ihre untere Hälfte bis zum äußersten Rand des Bettes vor, so daß ihr die Steppdecke nur noch die Rückseite wärmte, klappte entschlossenen Griffs mit der Rechten den Zipfel von Jakobs Decke zurück und barg sich nun, ganz hingeschmiegt, an der Brust des Gemahls.

»Weißt du«, sagte sie nach einer Weile, während der er ihr nach einem saftigen Kuß die Arme und den Rücken streichelte, »ich glaube, ich zeige dir den Schlafrock lieber erst morgen. Die Farben heben sich bei Tageslicht deutlicher ab.«

»Ja, ja. Bleib du man ruhig bei mir liegen«, erwiderte er in einem Ton, als ob er ihr eine Strafarbeit erließe.

Beide schwiegen. Adeles Kopf lag angelehnt an seiner Schulter, und ihr von den Zärtlichkeiten verwirrtes Haar ergoß sich in dünnen Strähnen über die vom Unterkinn fortgesetzte raupenartige Verdickung seines Halses. Es schien, als wollte ruhiger Schlaf sich in wenigen Augenblicken über die schon einnickenden Augen der müden Gatten senken. Da erwachte Jakob unerwartet wieder und sprach mit nachdenklicher Stimme: »Sechzig Jahre! Man sollte nicht meinen, was man in der Zeit alles durchmachen kann!«

Adele, durch diese Betrachtung ebenfalls ermuntert, fügte hinzu: »Und dir steht vielleicht noch mancherlei bevor.«

»Möglich«, gab er zurück. »Dieses Jahr kann allerhand entscheiden. Jetzt geht grade die große Offensive gegen Paris an. Wenn wir das kriegen, dann bleibt der Entente (Bröschke sprach das Wort ohne Rücksicht auf das Französische buchstabengetreu aus) wohl nichts andres mehr übrig, als endlich nachzugeben. Einmal müssen drüben die Leute ja auch zur Besinnung kommen.«

»Und dann, meinst du, wird alles wieder wie vor her?«

»Das wird wohl von den Umständen abhängen. Viel Entschädigung werden wir kaum verlangen können, es soll ja doch ein demokratischer Friede werden, und da muß schließlich jedes Land den Hauptteil seiner Kosten selbst tragen. – Aber wir sind ja in jeder Beziehung besser dran als die andern. Unser Heimatland ist zum Glück von den Schrecken des Krieges verschont geblieben, und dann haben wir auch keine Schulden im Ausland gemacht.«

»Sag, Vater, ist das denn nicht einerlei? Die Zinsen für die Kriegsanleihen müssen doch ebensogut aufgebracht werden?«

»Natürlich müssen sie das. Verzinsen und amortisieren müssen wir die Anleihen, versteht sich. Da darf keiner zu kurz kommen, der sein Scherflein beigetragen hat zur Rettung des Vaterlandes. Aber, siehst du, das Geld fließt ja doch alles wieder an die Steuerzahler zurück, die es aufbringen müssen.«

»Ach, so ist das!« Adele kam die Rechnung nicht ganz schlüssig vor, aber davon verstand sie ja zu wenig. Es war ihr jedenfalls recht, wenn es sich so verhielt und die sechsundzwanzigtausend Mark, die sie selbst in ihrer Ehe zusammengespart und in Kriegsanleihe angelegt hatten, gut gesichert waren. 220

»Aber«, fuhr sie in ihren Überlegungen laut fort, »zu haben wird dann doch gleich wieder alles sein, und bald auch wieder zu den alten Preisen?«

»Ja, das kommt darauf an.« Der alte Politiker dachte einen Augenblick nach. »Kaufen wirst du natürlich bald wieder können, was du Lust hast. Denn ein demokratischer Friedensschluß enthält vor allem auch die Bestimmung, daß der Handel zwischen allen Ländern gleich wieder in Schwung gesetzt wird. Und dann, wenn du bedenkst, wie sparsam die künftige demokratische Regierung wirtschaften wird.«

Adele bedachte es; doch konnte sie die Frage nicht unterdrücken, worin denn die Einsparungen hauptsächlich bestehn sollten. »Die Demokratie ist die billigste Regierungsform«, erfuhr sie. »Überleg nur mal, wieviel überflüssigen Pomp wir aus der Welt schaffen können. Der Hof wird sich auf die einfachste Repräsentation beschränken müssen. Ein Heer von Beamten entlassen wir einfach, und dann vor allen Dingen werden die Kosten für die Armee ganz bedeutend billiger werden.«

»Muß man denn nach dem Krieg überhaupt noch eine Armee haben?«

»Da kommen wir vorerst nicht drum rum. Selbstverständlich bloß ein Volksheer, eine sogenannte Miliz, wie wir Sozialdemokraten sie schon früher immer gefordert haben. Ganz ohne Schutz können wir gewiß nicht bleiben. Da kämen wir ja zu russischen Zuständen. Das geht natürlich nicht.«

»Nein.« Sie sah schon ein, daß das nicht ginge. Wenn sie den Mann nur irgendwie auf den Geburtstag zurück und dann auf Theodor bringen könnte! Sie suchte nach einem Umweg: »Sag, Manne, bei den Friedensverhandlungen wird man die Sozialdemokratie doch gar nicht ausschließen können?«

»Wo denkst du hin! Um uns kommt man nicht mehr herum. Ich bin sogar fest überzeugt, daß man bei der zukünftigen Regierungsbildung unsern Parteigenossen wichtige Ministerposten überlassen muß. Denn da entscheidet das Volk selbst mit dem Stimmzettel. – Ja, das wird vielleicht gewissen großen Herren hart ankommen.« Ein Zahn legte sich auf Jakobs Unterlippe.

»Denk mal! Wenn du womöglich Minister würdest!«

»Wenn mich das Vertrauen des Volkes auf einen solchen Platz rufen sollte« – Bröschke fiel es plötzlich ein, daß er sich nicht auf einem sozialdemokratischen Zahlabend, sondern mit seiner Frau zusammen in seinem Bette befand, daher auf den sonor gefärbten Ton bescheidenen Selbstbewußtseins füglich verzichten konnte; so vereinfachte er die Antwort: »Das kann leicht passieren. Hab ich mir selbst auch schon manchmal gedacht.«

Adele fuhr förmlich zusammen bei der Vorstellung. »Du! – Würdest du dann auch Exzellenz heißen?«

Sein Ausdruck ward jetzt selbst etwas ängstlich. Aber er entschloß sich: »Jedenfalls wohl –«, und dann kicherte er stoßweise vor sich hin: »Und du auch.«

»Exzellenz Bröschke!« lallte die entzückte Frau vor sich hin und ku-schelte ihr Gesicht ganz dicht an seinen Hals. »Jacki!« sagte sie leise, »das wäre doch das schönste Geschenk zu deinem sechzigsten Geburts-tag.«

Er drückte sie ergriffen an sich, und nun benutzte sie die Gelegenheit. Erst küßte sie ihn in den Mundwinkel, dann atmete sie warm in sein Ohr und flüsterte hinein: »Jacki, willst du mir auch eine große, große Freude machen?«

Sie sprach so einschmeichelnd, daß sich seine große Hand unwillkür-lich an ihrer Nachtjacke zu schaffen machte und tätschelnd zwischen den Knöpfen ihres Hemdes liegenblieb. »Was möchtest du denn, Alte-chen?« fragte er mit leicht gurgelnder Stimme.

»Sorg, daß unser Theo nicht in den Schützengraben muß!«

Adele spürte im Moment, daß das Kribbeln seiner Finger an ihrer 222 welken Brust aufhörte. Auch sein Organ bekam wieder den gewohnten heiseren Ton.

»Der verdammte Bengel!«

»Na ja – ich weiß schon. Aber sieh doch, Papachen, er ist doch noch so 'n grüner Junge. – Und du hast doch nun mal heute den sechzigsten Geburtstag.«

»Eben. Er ist noch viel zu grün, um sich in der Politik gegen seinen alten Vater hinzustellen.«

»Alter Vater! – Du bist ja noch so jung wie einer, mein Dickerchen!«

»Soll's nur ausfressen«, knurrte Bröschke schon bedeutend sanfter.

»Sei nicht so, Vati. Denk bloß, wenn er verwundet wird – – – oder fällt –!« Ein Schauer ging durch Adeles Körper, und sie kuschelte sich ganz dicht an den seinen.

Er nahm sie fest an sich. »Ist schon gut. Ich schreib morgen.«

Adele gab einen Seufzer der Erlösung von sich. »Ach, daß er nicht zu deinem Geburtstag da ist!« Ihr Atem berührte wieder heiß sein Ge-sicht.

»Na, sei man still, Mutti. Dann kommt er ein paar Tage später. Ich will um Urlaub eingeben für ihn.«

»Jacki!« Sie küßte heftig seinen Mund.

»Ja. Aber den Kopf werd ich ihm ordentlich waschen, dem Strolch.«

»Das tu nur, Alter! – Und wenn du nachher Minister bist, dann wird er ja auch einsehen, daß sein Papa wieder mal viel klüger gewesen ist als er.«

»Bloß nicht laut von so was reden, Schatz!«

»Bewahre! Aber bei dir im Bett kann ich mich doch freuen über meinen großen, berühmten Mann.« – Sie legte ihren knochigen Arm ganz um seinen Nacken herum.

»Exzellenz!« tuschelte sie ihm ins Ohr.

Da riß er sie dicht an sich heran. »Mein Deelchen!«

»Mein Jäckelchen!« – – Und zwischen dem seit fast dreiunddreißig Jahren ehelich verbundenen Paar geschah, was lange, lange nicht mehr geschehen war.

Der letzte Mondstrahl glitt hinter das Fenster zurück.

Es war ein schönes Fest, der sechzigste Geburtstag von Jakob Bröschke.

Adele mußte sich freilich tummeln. Sie hatte um sechs Uhr aufstehen wollen, und als sie aufwachte, war es schon halb acht geworden. Da kroch sie vorsichtig und ohne den Mann zu wecken in ihr Bett hinüber und war auch schon in Bewegung. Nicht einmal Frau Domnick hatte sie kommen hören, die schon die Treppe aufwischte, während Frida dabei war, im Eßzimmer den Frühstückstisch herzurichten.

Gottlob waren Käte und Eugen noch nicht auf; aber kaum daß Adele in die Stube getreten war, hopste ihr die kleine Elly im Hemdchen entgegen und umarmte sie.

»Flink, zieh dich an, Kind, und hilf Großmama!«

Am Plüschrücken von Vaters Lehnstuhl wurde ein Schild befestigt, das auf rotem Grunde die Inschrift »Dem Jubilar« trug und mit Arabesken in grüner Farbe reich geziert war. Ein Efeugewinde umrahmte den Schmuck, und auch das gelbgemusterte Tischtuch bekam an Jakobs Platz eine Garnierung von Efeu und Fichtengrün. In der großen Vase standen frische Rosen und Nelken.

Erst nach acht Uhr erschienen Eugen und Käte. Um halb neun ging Adele noch einmal ins Schlafzimmer, um Jakob zu wecken und ihm den Schlafrock zu überreichen, auch um sich selbst herzurichten. Wenigstens frisiert wollte sie schon sein, wenn Anton käme.

Der war früher da, als man ihn erwartete. Bröschke hörte den Aufruhr der Begrüßung auf dem Korridor, unterschied die Stimmen des Sohns und des Schwiegersohns, der Frau und der Tochter und dazwischen das jubelnde Geschrei Ellys: »Onkel Toni! Onkel Toni!« – und dies brachte auch ihn zu Entschlüssen.

Er trat, angetan mit dem neuen Kleidungsstück, ein. Alle standen unbewegt und erwartungsvoll da. Anton, der dem Vater gleich entgegenwollte, wurde von seiner Schwester am Arm festgehalten. Elly aber, 224 in weißem Kleidchen, schritt dem Großvater entgegen, ihren Rosenstrauß mit beiden Händen umklammernd, und plapperte mit piepender Stimme und beinah ohne zu stocken das Gedicht her, das ihr Papa als sein Werk ausgab, das er jedoch der Sammlung »Bei frohen Gelegenheiten« entlehnt hatte. Nur hatte er an einer Stelle für Gott das Schicksal eingesetzt:

»Lieber Großpapa! Ich wünsche dir das Beste
zu deinem heutigen Wiegenfeste.
Du bist uns mit deinem ganzen Wesen
immer ein leuchtendes Vorbild gewesen.
Behüte dich das Schicksal vor allem Bösen
und erhalte dich uns allen ferner gesund.
Jetzt, bitte, gib mir einen Kuß auf den Mund.«

Den erhielt Ellychen natürlich und wurde dann noch von Großmama und Mama zärtlich in die Arme geschlossen, indessen sich Frau Domnick und Frida, die hinter Bröschkes Rücken durch die halboffene Tür der Szene als Zuschauer beiwohnten, mit ihren Schürzen über die Augen wischten.

Während gefrühstückt wurde und die drei Männer ihre Ansichten über die Kriegslage austauschten, hielt es die Hausfrau nur selten auf ihrem Platz. Vor allem mußte die gute Stube rasch wieder vom Schlafraum der Familie Riemann zum Empfangssalon für die erwarteten Besuche und zum eigentlichen Festzimmer umgestaltet werden, wo Jakob zunächst mal seinen Geburtstagstisch aufgebaut kriegte. Dann gab es Anordnungen in der Küche zu treffen und Vaters Arbeitsstube für Antons Unterkunft bereitzumachen. Käte mußte sich inzwischen anziehen, um die Kleine, ehe jemand käme, aus dem Haus zu schaffen. Sie sollte bis Mittag mit Alfred Wirrgarn spielen, am Nachmittag wollte sie dann Suse Schmirl, die natürlich in alles eingeweiht war, zu sich nehmen.

Die Unterhaltung von Vater, Sohn und Schwiegersohn war recht lebhaft. Anton hatte von einem Vorgesetzten bei der Kunsthonigstelle, 225 der fabelhafte Verbindungen hatte und absolut zuverlässig unterrichtet war, erfahren – selbstredend ganz vertraulich –, wo das rätselhafte neue Geschütz stand, aus dem Paris bombardiert wurde. Damit war der Schwager abgetrumpft, der gehört hatte, ein solches Geschütz existiere gar nicht, die Deutschen seien von einer Seite schon so nahe an Paris herangerückt, daß sie es ganz bequem mit den großen Schiffshaubitzen bestreichen könnten. Das werde jedoch aus dem Grunde geheimgehalten, damit der große Schlag, der von dieser Stelle aus gegen die französische Hauptstadt geplant sei, nichts von seiner überraschenden Wirkung verlöre. Riemann gab diese Theorie nicht gerne preis, und Bröschke senior meinte denn auch: »Möglich wär's ja immerhin, daß ihr beide recht habt, sie können ja am Ende von zwei Seiten ranwollen, und da, wo sie selbst noch nicht so weit vorkommen können, buttern sie die Forts erst mal mit der langschießenden Kanone zusammen.«

Eben wollte Anton den Vater darauf aufmerksam machen, daß der Ausdruck »langschießende Kanone« gänzlich unfachmännisch sei, und zugleich öffnete Eugen den Mund, um festzustellen, daß die Befestigungen von Paris nicht wie Forz ausgesprochen werden dürften, da rief Adele zur Bescherung.

Im Gänsemarsch, der Gefeierte zuletzt, ging's in die gute Stube. Unter Hindenburgs Bild im Goldrahmen, das Riemanns vor zwei Jahren gespendet hatten, war ein runder Tisch hergerichtet, auf dessen strahlend weißer Decke Adele ihre weiteren Überraschungen ausgebreitet hatte: eine vom Konditor gelieferte Torte, deren Grundfarbe und Konsistenz zwar an weiches Leder erinnerte, der aber ein gemusterter Überguß von Zuckerschaum-Ersatz die Hoffnung auf Wohlgeschmack rettete: daneben die Zigarren und Zigaretten, die sie gestern zum Anbieten für die Gäste gekauft hatte, und endlich als Hauptsache ein violettes Hauskäppchen, das genau zum Schlafrock paßte, da es aus demselben Stoff gemacht war wie dessen Kragen und Aufschläge. Bröschke setzte es sich gleich auf die Glatze und betrachtete sich dann, zwei Vorderzähne in die Unterlippe gehängt, wohlgefällig im großen Spiegel, indem er sich mit beiden Händen seitlich auf den Bauch schlug. Dann erst umarmte er die Gattin.

Die weiteren Geschenke nahm er aus den Händen der Spender und legte sie selbst zu den übrigen Gaben. Käte überreichte ein Kissen aus braunem geripptem Stoff, umsäumt von einem schwarzweißroten Band, Eugen ein Buch »Ran an den Feind!« von einem Offizier aus der Umgebung des Generalfeldmarschalls v. Mackensen. Anton schenkte

Mehrings »Geschichte der deutschen Sozialdemokratie«, die sich der Vater schon lange gewünscht hatte, und Elly durfte Großpapa noch eine Krawatte übergeben, bevor sie den Strohhut aufgestülpt bekam und fort mußte.

»Mein Gott!« rief Adele, als Käte mit dem Kind gegangen war, »es ist halb elf durch. Es kann ja jeden Augenblick schon Besuch kommen, und ich bin noch nicht angezogen. – Und willst du deine Gäste im Schlafrock empfangen, Vater?«

Das Ehepaar verschwand ins Schlafzimmer.

Nachdem Adele das Korsett fest um den rippigen Leib gezogen hatte, überfiel sie in Erinnerung an die Nacht ein plötzlicher Zärtlichkeitsdrang. Sie legte die Arme um den von Stärke knackenden Kragen von Jakobs Oberhemd, so daß ihre Korsettstangen und seine Hemdbrust zusammenklangen, als ob Äste von einem Baum fielen, und sagte: »Jäckele! – Du, wenn's doch wahr würde!«

Er küßte sie auf die eingefallene Backe und schob sie sanft von sich, worauf er die schwarze Weste anzog und nach einem prüfenden Blick über Schnitt und Sauberkeit die Gehrockärmel über die Manschetten streifte. Als sie die Toilette beendet hatten – Adele sah in ihrem violetten Kleid tatsächlich verjüngt aus – und aus der Tür traten, legte sie noch einmal die Hand auf seine Schulter, beugte sich gegen sein Ohr und flüsterte: »Vati, vergiß Theo nicht!«

Knurrend setzte Jakob zum Reden an. Da läutete es.

Gott sei Dank, es war nur die Depeschenbotin. Drei Telegramme auf einmal. Adele riß sie der uniformierten Frau aus der Hand, und während sie das erste, zitternd vor Erregung, öffnete, holte Jakob ein Trinkgeld aus dem Portemonnaie.

»Im Namen des Stadtmagistrats spreche ich Ihnen meine aufrichtigsten Wünsche zur Vollendung des sechzigsten Lebensjahres aus. Möge Ihr gemeinnütziges, selbstloses Wirken unserer Vaterstadt noch lange erhalten bleiben. Der erste Bürgermeister. Dr. Lübke.« – Adele hielt das Telegramm entfaltet vor sich, und Bröschke las es über ihre Schulter weg laut vor, während sich Anton und Eugen neugierig auf dem Korridor beim Elternpaar einfanden.

Anton schlug jedoch vor, die anderen Depeschen im Zimmer vorzulesen. Eine war von der sozialdemokratischen Landtagsfraktion und nannte Bröschke einen im Sturm bewährten Lotsen der deutschen Arbeiterbewegung. Die dritte war ganz kurz. Sie lautete: »Bin im Geiste bei Euch. Theodor.«

Anton hatte sie vorgelesen. Er legte das Telegramm wortlos zu den anderen auf den Tisch; Adele zog ihr Taschentuch vor und schneuzte sich lange und heftig hinein. Als sie es wieder einschob, war ihre lange Nase stark gerötet. Eugen Riemann sah sehr streng aus. Er zog die spärlichen roten Schnurrbarthaare mit der Zunge in den Mund und rückte mehrfach am Zwicker. Vater brummte etwas vor sich hin. Dann sagte er energisch: »Ich hab noch was zu schreiben. Wenn jemand kommt – ich bin gleich fertig« – und begab sich in sein Arbeitszimmer.

Als erste kamen Peter und Suse Schmirl, die ältesten Freunde. Bröschke hörte das polternde Gelächter des Genossen, hörte das Geschnatter der Frauen, die Entschuldigungen, daß die Gäste warten müßten, und Peters Witze an die Adressen des Sohns und Schwiegersohns. Er hörte Käte zurückkommen und nach ihm fragen und die neuerliche Verlesung der Telegramme. Aber er ließ sich nicht stören, schrieb zwei Seiten eines großen Aktenbogens voll, kniffte sie, schrieb die Adresse auf ein gelbes Kuvert, unterstrich das Wort »Einschreiben« mit dem Rotstift und verfaßte alsdann auf einem besonderen Blatt Papier ein Telegramm an die Etappenkommandantur, des Inhalts: »Erbitte sofort Urlaub für Gefreiten Theodor Bröschke. Schriftliche Begründung absende gleichzeitig. Jakob Bröschke, M.d.R.«

Erst nachdem Frau Domnick mit dem Auftrag zur Post unterwegs war, begrüßte er seine Besucher, deren bald die ganze Stube voll war. Adele und Käte konnten nicht genug Gefäße herbeibringen, um die Blumen in Wasser zu stellen, und die blaue Porzellanschale auf dem Tisch schwoll an von immer neuen Stößen von Briefen, Karten und Telegrammen, deren Verlesung auf die große Feier am Abend aufgehoben wurde.

Deputationen und offizielle Glückwunschüberbringer waren alle erst bei der Hauptfeier im Gewerkschaftshause zu erwarten, die der sozialdemokratische Wahlverein dem verehrten Vorsitzenden bereitete. Ins Haus kamen nur die persönlichen Freunde und Bekannten, besonders zahlreich die Schulfreundinnen Kätes, aber auch die Nachbarn, denen man etwas näher stand, so Herr Töpfermeister Distel und Gemahlin, und auch Lina, das frühere Hausmädchen, hatte es sich nicht nehmen lassen, mit einem Geranienstock in alter Anhänglichkeit vorzusprechen. Die Parteigenossen hatten fast alle nur Karten geschickt; den eigentlichen

Glückwunsch behielten sie sich für den Abend vor. Nur der alte Tesenfitz, das langjährige Faktotum vom Parteisekretariat, kam und blieb ehrfürchtig an der Tür stehen. Er war kaum zu bewegen, Platz zu nehmen, und hielt aus Höflichkeit seinen Stuhl so weit vom Tisch entfernt, daß er zu jedem Schluck Apfelwein ein wenig aufstehen mußte, um hinüberlangen zu können.

Der Jubilar gurgelte und kollerte glückerfüllt und fand sonst wenig zu sagen, um alles Liebenswürdige zu beantworten. Adele war bald hier, bald dort und sorgte, daß jeder sein Gläschen und ein Stück Kuchen hatte. Käte war von ihren Freundinnen umringt, und die Rede ging von Beförderungen, Eisernen Kreuzen und Leutnants. Riemann berechnete mit Herrn Töpfermeister Distel den den Amerikanern von den U-Booten zum Truppen- und Munitionstransport belassenen Tonnenraum, wobei das Resultat von vornherein feststand, daß seine Geringfügigkeit ernsthafte Gefahr von dieser Seite nicht mehr befürchten lasse. Die Damen Schmirl und Distel erörterten mit Lina, dem früheren Hausmädchen, die Schwierigkeiten der Ernährungsverhältnisse, während Anton, um den guten Tesenfitz doch nicht ganz zu vernachlässigen, Angaben über die Personalverhältnisse im örtlichen Parteibüro, über die Abonnentenzahl und die Redaktionsbesetzung des »Arbeiterboten« und über die Verluste des Parteibeamtenapparats durch den Krieg aus ihm herausholte, wobei die letzte Frage dank der zahlreichen Reklamationen gottlob sehr günstig beantwortet werden konnte.

Neben Bröschke hatte sich, einen Ellenbogen breit über den Tisch gelagert, Peter Schmirl niedergelassen, dessen kräftig-jovialer Baß den ganzen Raum beherrschte. Seine braungrauen Haare tanzten buschig über der breiten niedrigen Stirn, und die großen runden Gläser der Stahlbrille hüpften auf der geschwungenen Nase, wenn die Faust wieder mal bekräftigend auf die Tischplatte aufschlug – und das tat sie oft.

»Sechzig Jahre!« schrie er in einem Ton, der ebensogut haltlose Begeisterung wie galligsten Hohn ausdrücken konnte. »Mensch, Jakob! Wenn unser alter Pörtels dich noch so sehn könnte – so als richtigen saturnierten Jubelkreis, Vater, Großvater, M.d.R., M.d.L., Parteivorstand, Magistratsrat, Referent für Kultus, Kultur und Kultum, mit goldner Uhrkette und Doppelkinn, umringt von Familie und Besuch, in der guten Stube mit grüne, goldgefleckte Tapeten, schwere Vorhänge vors Fenster und 'n imitierten Perser am Boden – unentwegt die rote Fahne in der linken Hand, und dabei mit Gott für König und Vaterland – hurra! – –«

Bröschke wußte, wie gewöhnlich, nicht recht, wie er Peters Rede auffassen sollte. Er kollerte und begnügte sich mit der Entgegnung: »Ja, wie der Lauf der Welt nun mal ist!« – »Doll!« – Schmirl zog den Schnurrbart nach beiden Seiten glatt, zupfte an der Fliege, bog den Kopf zurück und kratzte mit fünf gekrümmten Fingern unterm Kinn den langen Hals hinunter, wobei der kräftige Adamsapfel vibrierte. – »Je nun«, meinte er etwas stiller vor sich hin lachend, »knappe zwei Jahre – und ich hab die sechzig auch gezwungen. Bloß mit die Karriere muß ich mich noch ranhalten, um dich einzuholen. Na, nett eingerichtet bin ich auch, M.d.L. und Stadtverordneter ebenso, aber mit Reichstag und Parteivorstand hapert's noch, und was Kinder und Enkel sind, da muß ich mich man mit weniger trösten als du. Dafür ist der Herr Schwiegersohn aber auch Leutnant« – er lachte dröhnend, und Adele, die die letzten Worte auffing, sandte ihrem Gatten in Erinnerung an den zum Schlafrock gewandelten Militärmantel einen innigen Blick. – »Ih, das weißt du woll noch gar nicht? – Doch? – Ja, Meyer ist befördert – na, und der Enkel soll ja auch bald werden. Minna meint, im Oktober. – Also du, das soll ich dir von ihr bestellen: das schenkt sie dir zum Geburtstag, daß der Junge nach dir Jakob heißen soll.«

»Wenn's ein Junge wird, hoho!«

»Erlaub mal, mein Enkel wird ein Junge, verstehst du? – Bin aber gespannt, ob der mal ein Sozi wird oder ein Patterjoht – oder ob das bei die Enkels ebenso durcheinandergemantscht wird wie bei die Großväter.« Die Faust bullerte wieder auf den Tisch. »Bloß unser alter Pörtels hätte das noch miterleben sollen. Der hätte wohl so lange den Kopf geschüttelt, bis er den Hals gebrochen hätte.«

Eine sonderbare Gedankenverbindung stellte sich bei Bröschke ein, die aus dem Zweifel erwuchs, ob Pörtels wohl ganz mit der Sozialdemokratie von heute einverstanden wäre: »Du, Peter, was sagst du dazu? – Ich hab für Theo um Urlaub eingegeben.«

Da nahm Peter Schmirl den Arm vom Tisch, streckte beide Hände weit zwischen den langen Beinen vor und sah den Freund von unten herauf an, als ob sein Blick über den Stahlrand der Brille klettern wollte: »Jakob, so gescheit bist du ja selber nicht gewesen. Das hat dir mal wieder deine Deele eingegeben; sonst müßt ich ja an meine Menschenkenntnis verzweifeln.«

»Na ja, ich will nicht abstreiten, daß ich es ihr zulieb getan hab.«

»Wie alt ist der Bengel?«

»Einundzwanzig.«

»Einundzwanzig. Na, du willst ihn dir woll schön kaufen mit seinen eignen Kopp?«

»Das kannst du glauben. Er muß raus bei den Unabhängigen, oder ich rühr keinen Finger, wenn sie ihn in den Schützengräben stecken.«

»So? – Na ja, andrer Leute Kinder werden ja auch zu Brei geschossen.«

»Ist ja noch nicht soweit. Er wird ja auch wohl Vernunft annehmen.«

»Meinst du? – Paß mal auf, Jakob, was ich dir sag. Wie ich deinen Theo kenn, ist er ein gutes weiches Kind, aber kein Hanswurst. Und wenn er aus Angst vor seinem Vater seine Standpauken oder vorm Schützengraben heute so und morgen so kann, ist er ein Hanswurst. Und jetzt sag ich dir noch was. Wenn ich nich schon ein alter Schafskopp war und noch einundzwanzig Jahr wie dein Theo, dann tat ich auch was andres als Vernunft annehmen und tat dasselbe, was ich unterm Schandgesetz auch getan hab – mit dir zusammen, Jakob, und bei unserm alten Pörtels – verstehst du?«

Bröschkes Augen blinzelten unsicher. »Das war doch dazumal was ganz andres, mein ich.«

»Stimmt. Dazumal waren wir die Rotzjungen und ließen die alten Knacker auf uns schimpfen, und nun sind wir selbst die alten Knacker. Laß du sich den Bengel man die Hörner ablaufen.«

Bröschke lenkte ab. »Du, Peter, ist eigentlich schon fest, wann der Landtag Schluß macht?«

»Am zwanzigsten, denk ich. – Ach ja, was ich sagen wollt. Da ist ja noch die Interpellation von Rupprecht wegen die Schutzhaftgeschichten und so.«

»Ja, da kommen wir wohl nicht drum rum?«

»Das is eben das Verdeubelte. Gegen die Unabhängigen können wir da nicht gut anmarschieren. Sonst springt uns ja die ganze Arbeiterschaft rüber.«

»Aber wir können doch dem Oberkommando auch nicht in die Parade fallen. Denk mal, wenn man jetzt jeden frei laufenlassen wollte, der Liebknecht hochleben läßt!«

Schmirl lachte. »Dann hätt dein Theo bald genug seinem Vater den Stuhl unter dem Hintern weggezogen. - Nee, das geht natürlich nicht. - Du, ich hab mir aber was ausgedacht.«

»Na?«

»Paß auf. Wir müssen die Besprechung der Interpellation zuschanden machen.«

»Wir können aber doch nicht dagegen stimmen.«

»Ach wo. Wir brauchen bloß dafür zu sorgen, daß die Unterstützung nicht langt.«

»Wie das?«

»Döskopp! Die Unabhängigen sind grad drei Mann hoch. Für die Unterstützung brauchen wir fufzehn Stimmen. Die Bürgerlichen stimmen alle dagegen - und von uns sind zufällig man zehn oder elf Mann im Saal. Kapiert?«

Der alte Parlamentarier hatte kapiert. »Das geht. Heut abend sind ja wohl die meisten von der Fraktion da. Dann besprechen wir die Sache gleich ...«

Herr und Frau Distel erhoben sich. Der allgemeine Aufbruch begann.

Als alle fort waren, war es zehn Minuten vor eins geworden. Frida mußte schnell hinüber zu Wirrgarns, um Elly zu Tisch zu holen. Herr Wirrgarn schickte die konservative »Bürgerzeitung« mit, rot angestrichen. Anton las vor, während Mutter die Suppe austeilte:

»Sechzigster Geburtstag. Der sozialdemokratische Abgeordnete Jakob Bröschke, unser Mitbürger, feiert heute in seltener körperlicher und geistiger Frische seinen sechzigsten Geburtstag. So grundverschieden unsere Anschauungen auch von den seinigen sind, so erbittert wir insbesondere gegen den unfaßlichen Gedanken ankämpfen, angesichts der herrlichen Ruhmestaten unserer unbezwinglichen Heere, unserer unvergleichlichen Flotte der Forderung des ganzen deutschen Volks nach einem Siegfrieden, nach einem deutschen Frieden, den Verzicht auf alles Errungene, den Scheidemannfrieden entgegenzustellen –«

»Sehr richtig«, murmelte hier Eugen Riemann, dem Schwager ins Wort fallend.

»– – einen Gedanken, der leider grade in Bröschke einen beredten Verteidiger findet, so geben wir doch gern zu, daß die vaterländische Gesinnung des Jubilars, wie sie sich seit vier Jahren bewährt, über jeden Zweifel erhaben ist. Mehr als irgendeinem ist es ihm zu danken, daß die Arbeiterschaft unserer Stadt treu zur großen Sache steht, entschlos-

233

sen, durchzuhalten bis zum Äußersten, und daß das landesverräterische Gebaren der Unabhängigen bei uns das unrühmliche Werk einer kleinen verachteten Sekte geblieben ist. Bröschke war es vor allem, dessen besonnenem Dazwischentreten es gelang, das verbrecherische Unterfangen des Januarstreiks im Keime zu ersticken, so daß die Rädelsführer rechtzeitig unschädlich gemacht werden konnten.

Wir stehn daher nicht an, auch dem Gegner Gerechtigkeit widerfahren zu lassen und unsere Glückwünsche für den verdienten Mann mit denen aller Volkskreise von Herzen zu vereinigen.«

Anton schien der Vorlesung noch einige Worte von sich aus hinzufügen zu wollen. »Ja, Vater«, hub er an, schob aber gleich einen Löffel Suppe in den Mund und zog schlürfend eine Bandnudel nach, deren Ende allmählich hinter den Zähnen verschwand.

234

Käte fand den Artikel wundervoll und sah ihren Gatten dabei fragend an. Adele aber legte den Schöpflöffel aus der Hand und sagte strahlend: »Schade, daß der ›Arbeiterbote‹ erst um fünf kommt.«

Jakob selbst nahm das Zeitungsblatt neben sich auf den Tisch, und während ihm die Suppe vom Bart tropfte, fuhr er mit dem linken Zeigefinger noch einmal unter den Zeilen entlang.

Nach Tisch wurde ein Schläfchen gemacht. Elly kam zu Tante Suse, was sich dann aber als überflüssig erwies. Denn am Nachmittag kam kein Besuch mehr, da doch der frühen Polizeistunde wegen die Parteifeier im Gewerkschaftshause schon um halb sechs beginnen sollte.

Man fuhr im Wagen hin, Anton auf dem Kutschbock, denn in der Droschke hatten nur vier Personen Platz. An diesem Tage erfuhr Jakob Bröschke in Wahrheit, wie dankbare Verehrung unermüdliche Hingabe an eine Sache lohnt. Er hätte die Hände nicht zählen können, die sich ihm zum Druck entgegenstreckten, nicht die Hochs, die ihm zu Ehren erklangen.

Nach Anhören der Deputationen und eines Liedes des Arbeiter-Gesangvereins hielt Peter Schmirl die Festrede, humorvoll und anzüglich wie immer, aber die freundschaftliche Wärme glitzerte nicht nur durch seine Brillengläser, sie quoll auch aus den Worten selbst hervor, besonders als er von der gemeinsamen Jugendzeit sprach, von den schönen Stunden, wo sie von Roderich Pörtels in die Lehren des Marxismus eingeweiht wurden, von der rastlosen Kleinarbeit in der Bewegung, wie Ortsgruppe um Ortsgruppe entstand und die Sozialdemokratie von Wahlsieg zu Wahlsieg schritt, Genosse Bröschke aber – unser Jakob!

–, vom Vertrauen des Proletariats getragen, die ganze Stufenleiter der Ehrenposten hinaufsteigen durfte, die das werktätige Volk zu vergeben hatte. Nie hatte ihn sein sicherer politischer Blick im Stich gelassen, und in der schweren verantwortungsvollen Zeit seit Ausbruch des Kriegs hatte er wie wenige dazu geholfen, der Sozialdemokratie im Volke das Ansehen zu schaffen, das ihr kraft ihrer Stimmenzahl gebührte. Den politisch unklaren Heißspornen und Wirrköpfen hatte er mit der Energie realpolitischer Einsicht einen Damm entgegengestellt und ungeachtet der größenwahnsinnigen Phantasien hirnloser Imperialisten und Reaktionäre das Banner der Demokratie unentwegt hochgehalten.

»Und nu erlauben Sie mir als alten Freund unseres Genossen Bröschke, noch ein paar Worte an ihn selbst zu richten. Jakob, ich sag manchmal Döskopp zu dir. Das kommt aber bloß davon, daß ich selbst man 'n alter Schafskopp bin und mit meinem Dickkopp immer durch die Wand will. Und wenn du dann bloß mit 'm Kopp nickst und sagst: schon gut, Peter, laß mich das man nach meinem Kopp machen – dann will mir das zuerst gewöhnlich nich in den Kopp, und nachher seh ich doch ein: mein alter Jakob hat doch wieder mal den bessern Kopp gehabt, und der Döskopp war ich selber. Darum wünschen wir alle, daß dein Kopp noch lange unserer Partei erhalten bleibt als Kopp des arbeitenden Volks, und wenn das Proletariat sich ans Hirn stippt, dann soll das soviel heißen wie: Jakob, nu streng du deinen Kopp an! Und in diesem Sinne bitte ich Sie, mit mir auszurufen: Unser lieber alter verehrter Genosse Jakob Bröschke, er lebe hoch! Nochmal hoch! Und zum dritten Mal hoch!«

Das schmetterte mächtig.

Und dann brachte der alte Tesenfitz den »Arbeiter boten«. Aber den sollte Jakob noch nicht zu sehn bekommen, so erpicht er darauf war. Auch Adele konnte ihre Neugier kaum meistern.

Anton beruhigte sie: »Da ist eine große Überraschung dabei, Mutter. Das kommt erst beim Kommers. Wenn Eugen die Telegramme bekanntmacht, soll er gleich auch die Zeitung vorlesen.«

Der alte Tesenfitz konnte den Augenblick fast noch schwerer erwarten als Jakob und Adele. Denn dabei sollte ein Stück Ruhm auch auf seinen Sohn Rudolf abspringen. Der saß bei der Presseabteilung im Generalstab der Armee Woyrsch und war gerade zum Unteroffizier befördert worden. Je mehr der Alte von dem Tiroler Spezial trank, der die Geister belebte, um so mehr Genossen erfuhren von Rudolfs Aufstieg und von seiner Beteiligung am Festartikel des »Arbeiterboten«.

Ja, die Telegramm-Verlesung war wirklich ein Höhepunkt. Mehrmals hielt Eugen inne, nahm den Zwicker ab und wischte sich den Schweiß. Bald las er nur noch die Unterschriften all der Parteisektionen, Gewerkschaftsverbände und Einzelpersonen, die des Tages gedacht hatten. Nur wenn es sich um prominentere Persönlichkeiten oder Körperschaften handelte, las er auch den Text.

Es war ein gewaltiger Augenblick, als der Präsident des Reichstags mit seinem Glückwunsch zum Wort kam. Das Organ des Vorlesers zitterte merklich, und ein paarmal hatte er vor Ergriffenheit Mühe, im Tempo zu bleiben. Zum Glück folgten zunächst lauter weniger bedeutungsvolle Depeschen, darunter aber auch manche mit schalkhaften Versen, und die Stimmbänder konnten sich wieder in die normale Lage finden.

Plötzlich ward Eugen Riemann flammend rot. Gleich darauf überzog käsige Blässe sein Gesicht. Mit ungeheurer Anstrengung riß er sich zusammen. Unter seinen rötlichen Plüschhaaren zog sich die Stirn in tiefen Falten nach oben. Er schnappte mehrere Male mit dem Unterkiefer zu seinem Bärtchen hinauf. Die roten Ohren schienen sich seitwärts zu legen. Käte blickte mit angstvollen Augen zu ihrem Manne hin und machte eine Gebärde, als wollte sie ihm zu Hilfe eilen.

Endlich faßte er sich, preßte die Ellenbogen dicht an den Leib und las stockenden Atems:

»Im Namen Seiner Königlichen Hoheit –«

Drei im Saal anwesende Unteroffiziere, ein Offizierstellvertreter und zwei Beamtenstellvertreter sprangen auf, langsam erhoben sich dann auch die übrigen Uniformierten, während mehrere jüngere Parteigenossen in Zivil ebenfalls Anstalten dazu machten, dann aber nach einigen Blicken gegenseitiger Befragung unruhig sitzen blieben.

»Im Namen Seiner Königlichen Hoheit des Großherzogs übermittle ich Ihnen aufrichtige Segenswünsche zum sechzigsten Geburtstage. Ein Mann des Volkes im wahren Sinne des Wortes haben Sie sich dem Vaterlande in schwerer Zeit treu erwiesen. Der Allmächtige möge Ihnen einen glücklichen Lebensabend gewähren. Von Mürz, Oberhofzeremonienmeister.«

Man glaubte, die Herzen der Anwesenden klopfen zu hören. Das Papier knisterte in Riemanns Händen; seine schmale Brust wogte. Die

Militärpersonen nahmen allmählich wieder Platz. Da raffte sich der Obersekretär noch einmal zusammen: »Großherzog Ferdi – –«

Schmirl, der glücklicherweise an seiner Seite saß, gab ihm einen Puff in den Oberschenkel. Ein wütender Blick traf ihn, aber das Hoch auf den Landesherrn war vermieden.

In stillschweigendem Einverständnis aller wurde hier die Verlesung der Telegramme abgebrochen und sehr zum Leidwesen des alten Tesenfitz auch der Zeitungsartikel noch zurückgestellt.

Man wandte sich dem Festessen zu, das in Anbetracht der Umstände in bescheidenen Grenzen gehalten war: Suppe, Fisch und mehrere Sorten Gemüse, dazu Tiroler Spezial, aber alles reichlich und vortrefflich. Brot gab es selbstverständlich nur gegen Erlegung der Marken.

Nach dem aufregenden Herrschertelegramm belebten sich die Gespräche nur langsam von dem ehrfürchtigen Flüsterton, mit dem sie einsetzten, wieder zu geselliger Munterkeit. Das Thema war durch den Zwischenfall ja von selbst gestellt: das Verhalten der doch eigentlich republikanischen Sozialdemokratie bei dynastischen Annäherungen. Die Gemüter der Politiker erhitzten sich ernsthaft, und Bröschkes monarchistischer Schwiegersohn, der den Standpunkt vertrat, daß die große Zeit, die Einmütigkeit der Begeisterung von neunzehnhundertvierzehn, die das ganze wehrhafte Volk unter die Fahnen des Kaiserreichs hatte zusammenströmen lassen, jeden Gedanken an Republik ein für alle Male ad absurdum geführt habe, mußte sich kräftige Zurückweisungen gefallen lassen.

Peter Schmirl schlug auf den Tisch und schrie: »Ich habe die Monarchie schon vor, zwanzig Jahren bekämpft, ich werde sie auch später wieder bekämpfen. – Da verlassen Sie sich auf!«

Endlich entschied aber Genosse Dr. Valentin, das aus Sachsen stammende jüngste Mitglied der Landtagsfraktion, auf den allgemein große Hoffnungen gesetzt wurden, mit den Worten: »Man gann ein ausgezeichneter zielbewußter Sozialdemograt sein und braucht sich deshalb noch lange nicht als taktloser Banause zu benähmen!«

»Bravo!« sagte das Geburtstagskind selbst, das sich bisher nicht an der Auseinandersetzung beteiligt hatte. Adele steckte sich nun aber hinter den alten Tesenfitz, und auf dem Umweg über Suse Schmirl gelang es endlich, den offiziellen Teil mit der Vorlesung des Artikels im »Arbeiterboten« wieder in Gang zu bringen.

Obersekretär Riemann erhob sich, schob den Kneifer zurecht und las. Es war eine wirklich schöne, schwungvolle und ausführliche Würdigung der Verdienste Jakob Bröschkes, und Käte netzte wiederholt die Augen mit dem Taschentuch, während Adeles Rührung sich in häufigen vernehmlichem Schneuzen kundgab. Die andern Damen warfen ergriffen lächelnde Blicke zu Jakobs Platz hinüber. Zum Schluß wurden alle Ämter und Posten aufgeführt, die der verehrte Parteiführer nach und nach erklommen hatte, und dann hieß es:

»Jetzt aber geben wir dem Genossen Bröschke selbst das Wort. Seine Lebensgeschichte soll das Proletariat aus seinem eigenen Munde erfahren, wie er sie kurz und schlicht einem unserer Mitarbeiter erzählt hat.«

»Was?!« – Jakob Bröschke starrte erst zu seinem Schwiegersohn empor, wobei sich ein Zahn über der gesprungenen Unterlippe sehn ließ. Dann ließ er die Äugelchen hilflos die ganze hufeisenförmig gestellte Tafel entlang schwimmen, deren bekränzten Mittelplatz er einnahm. Da sah er den alten Tesenfitz, das Kinn beinah bis zur Tischplatte niedergebeugt, mit beiden Handflächen links und rechts vom Teller Klavier spielen, wobei das bartlose stopplige Gesicht von Lachfalten wie ein Fächer geteilt war und die eingekniffenen Augen wie die eines Versteck spielenden Kindes zu ihm hinüberzwinkerten.

Jakob fiel ein, daß vor drei Wochen Rudolf Tesenfitz bei ihm Urlaubsvisite gemacht und ihn dabei ausgefragt und ins Erzählen gebracht hatte über alles Erdenkliche, von der Kindheit an bis zur Gegenwart. Sollte der Teufelsjunge –?

Bröschke winkte drohend mit dem Finger zu Tesenfitz hinüber und trank ihm zu. Der Alte aber nahm das Glas, und wie er es zum Munde führte, überkam ihn die Lustigkeit der Sache derart, daß er in den Rotwein hineinprustete und ihn in zwei Schwabbern aufs Tischtuch flecken ließ. Da stellte er sehr verlegen das Glas wieder hin.

Eugen Riemann las:

»Ich wurde am Jahrestage des Bastille Sturms, dem 14. Juli 1858, als Sohn armer proletarischer Eltern in dem kleinen Städtchen Kersching an der Wähe geboren. Meinen ersten Unterricht empfing ich dort in der Gemeindeschule. Mit vierzehn Jahren trat ich in meiner Vaterstadt ins praktische Leben. Da es ihm nicht vergönnt war, meinen Herzenswunsch zu erfüllen und mich studieren zu lassen, gab mich mein Vater einem Tapezier und Dekorateur in die Lehre. Nach Ablegung meines

Gesellenstückes lernte ich die Landstraße kennen, die ich in allen Teilen unsres lieben Heimatlandes durchstreifte.«

Käte neigte sich zu ihrem Nachbarn, Dr. Valentin. »Schön gesagt«, flüsterte sie.

»Bald arbeitete ich hier, bald dort. Aber es hielt mich nirgends lange. Früh schon erkannte ich die Abhängigkeit des Arbeiters vom Kapitalismus, und mein Wissensdrang trieb mich, Aufklärung zu suchen, wo ich sie nur finden konnte. Ältere Arbeitskollegen verschafften mir Lesestoff, den ich verschlang, und allmählich gewann ich Einblick in die jung aufstrebende Arbeiterbewegung. Ich trat in die Gewerkschaft ein, und bald auch in die Partei. Damals war das Sozialistengesetz auf der Höhe, und so mußte ich auch das Gefängnis kennenlernen, wie das wohl zum Werdegang jedes rechten alten Sozialdemokraten gehört.«

Die älteren Parteigenossen nickten vor sich hin, die jüngeren lächelten huldigend. Frau Suse Schmirl aber sprach zu ihrem Gatten: »Du warst dreimal drin – nicht, Peter?«

Eugen Riemann fuhr fort:

»Da hieß es unterirdisch arbeiten, Blätter verteilen, für Partei und Gewerkschaft Stimmung machen, und wenn es Wahlen gab, für die Sache des Proletariats agitieren. Zugleich aber hieß es das eigene Wissen vervollkommnen. Wissen ist Macht! Das habe ich schon als junger Mensch eingesehn, und so drang ich in meinen Freistunden in die Lehren unserer unvergeßlichen Altmeister Marx und Engels ein und vervollständigte auch meine Bildung auf allen anderen Gebieten, besonders auch in Kunst und Literatur.«

»Ganz wie mein Rudolf«, meckerte der alte Tesenfitz, der geneigt schien, den ganzen Lebenslauf Bröschkes als Verdienst seines Sohns anzusehn, da ihn der dem Druck übergeben hatte.

»In jener Zeit hatte unser verstorbener Parteiführer Roderich Pörtels den Gedanken ins Leben gerufen, junge strebsame Genossen in eigenen Parteischulen zu kundigen Leitern des werktätigen Volkes heranzuziehen. Als ich davon hörte, packte ich meinen Ranzen und begab mich wieder auf die Wanderschaft gradenwegs zu Pörtels selbst. Das war zu Anfang der achtziger Jahre.«

»Zweiundachtzig war's«, rief Peter Schmirl und warf den Nacken zurück.

»Roderich Pörtels unterzog mich einem kurzen Verhör, dann nahm er mich unter die Seinen auf, und ich schmeichle mir, einer seiner

Lieblingsschüler gewesen zu sein. Das war eine bewegte und doch, ach, wie unvergeßliche Zeit unter unserm ›Alten‹, wie wir ihn scherzhaft unter uns nannten.«

»Wie reizend!« hörte man eine Genossin flöten.

»Wir lernten die hehre Weisheit von Marx' Kapital und den Klassenkampf verstehen, wurden unterwiesen, wie sich die Parteien unterscheiden, und auch die Rede handhaben, um in Versammlungen sprechen und unsern Genossen die Wahrheit des wissenschaftlichen Sozialismus entgegen schleudern zu können. Und dabei immer die Heimlichkeit, weil damals die Sozialistenverfolgungen an der Tagesordnung waren und Bismarck überall Geheimbünde witterte.«

Anton Bröschke stieß seinen Schwager in die Kniekehle. »Lies doch nicht so dröhnig«, raunte er ihm zu, »dabei schläft man ja ein.«

Eugen setzte den Zwicker grade und erhob die Stimme.

»Nach einem Jahr schon konnte ich meinen Tapeziererberuf an den Nagel hängen. Genosse Pörtels wünschte, daß ich meine Kraft ganz der Bewegung widmen sollte.«

»Sehr richtig!« rief jemand am untern Ende der Tafel.

»So kam ich 1883 als junger Parteiredakteur nach Krunkenau. Hier widmete ich mich neben meinen laufenden Arbeiten hauptsächlich der Aufklärung der Arbeiterschaft über die Religionsfragen. Denn ich hatte schon lange Zweifel gefaßt an der Richtigkeit des Kirchenglaubens und kam dahinter, daß es damit keineswegs seine Richtigkeit hatte. Dadurch kam ich auch in die Freidenkerbewegung hinein, und Trennung von Staat und Kirche wurde seitdem meine vornehmste Losung.«

242

Adele faßte unter dem Tischtuch nach Jakobs Hand, denn sie ahnte, was jetzt folgen würde.

»Der rührigste Vorkämpfer dieser Losung war zu jener Zeit der Freidenker August Wehmeyer, mit dem ich denn auch bald in das freundschaftlichste Verhältnis trat. Ja, am 17. September 1885 reichte mir seine liebe Tochter Adele die Hand zum Lebensbunde.«

Viele Gläser wurden erhoben, und Adele Bröschke mußte nach allen Seiten nicken und oft den Rand ihres Weinglases an die Lippen führen.

»Sie ist mir eine treue Gefährtin geworden und hat mir im Laufe der Zeit vier Kinder geschenkt, von denen das letzte uns im zarten Alter von zwei Monaten wieder genommen wurde, während die drei andern prächtig gediehen.«

Jetzt kam die Reihe des Zutrinkens an Anton und Käte.

»In Krunkenau blieb ich bis zum Jahre 1891. Dann erhielt ich einen Ruf als Geschäftsführer des ›Arbeiterboten‹ in unsrer Stadt, welche mir seitdem zur zweiten Heimat geworden ist.«

Die Gesichter streckten sich dem Vorleser mit erhöhter Spannung entgegen.

»Hier gelang es mir, das Vertrauen der Parteigenossen bald in weitestem Maße zu erwerben. Mein Hauptaugenmerk richtete sich von Anfang an darauf, dem Blatt nicht bloß bei den Parteigenossen, sondern vor allem auch bei den Gewerkschaften Freunde zu erwerben und die Redakteure desselben anzuhalten, besonders den lokalen Teil so auszugestalten, daß die sozialdemokratische Zeitung auch in jedem Bürgerheim Eingang finden und mit Vergnügen gelesen werden konnte. 1894 wurde ich mit noch zwei Genossen zum Stadtverordneten gewählt.«

»Einer davon war ich«, betonte Schmirl.

»Es war das erste Mal, daß unsre Partei im Rathaus einzog. Nachdem ich bereits mehrfach unsern Wahlverein auf Parteitagen vertreten hatte und als alter Freidenker und auch, als künstlerisch durch meinen früheren Beruf als Dekorateur ein wenig vorgebildet, in den Ausschuß für Kultur und Kunst gewählt war, entsandte mich das Vertrauen der Arbeiterschaft bereits 1895 in den Landtag und 1903 auch in den Reichstag, welch beiden Körperschaften ich seitdem ununterbrochen angehört habe.«

Ein lautes »Bravo!« von verschiedenen Seiten bekräftigte das Einverständnis der Festteilnehmer mit dieser Tatsache.

»Seit 1908, also nunmehr zehn Jahre, gehöre ich dem hiesigen Magistrat an, und 1911 berief mich das einstimmige Votum der Mitgliederversammlung zum ersten Vorsitzenden des sozialdemokratischen Wahlvereins.«

Dieses Mal äußerte sich die Befriedigung durch lebhaftes Gemurmel.

»Das Höchstmaß seines Vertrauens erwies mir der Parteiausschuß noch voriges Jahr, indem mich derselbe an Stelle eines unabhängig gewordenen Vorstandsmitglieds in den Parteivorstand berief. Ich habe als Funktionär der Partei und als Abgeordneter stets nach meinen bescheidenen Kräften mitgeholfen, das Gute zu schaffen, und habe mir insbesondere in meiner Eigenschaft als Referent für Kunst, Wissenschaft und Kultus in den verschiedenen Kommissionen und Körperschaften von jeher die Hebung der Kultur und der Bildung in unserm Volke als hehres Ziel vor Augen gehalten. Seit dem Ausbruch des großen Weltenbrandes habe ich es mir angelegen sein lassen, das Augenmerk der gesetzgebenden Faktoren auf die Verhütung sozialer Mißstände zu lenken und mit den wohlverstandenen Interessen des allen Deutschen gemeinsamen Vaterlands das der arbeitenden Klasse zu verbinden. Die Opfer, die die Arbeiterschaft in dieser schweren Zeit bringen muß, dahin werde ich mit allen meinen Kräften zu wirken suchen, werden derselben aufgewogen werden durch die Erringung freiheitlicher Verhältnisse im Reich und im Lande. Wir werden einen demokratischen Staat bekommen, in dem nichts geschehen darf, wozu nicht das Proletariat seine Zustimmung gegeben hat. Solange mir unsere Parteigenossen fernerhin ihr Vertrauen schenken sollten, wird dieses allezeit meine Richtschnur sein und bleiben.«

Obersekretär Riemann legte das Zeitungsblatt auf den Tisch, als ob er ein As trumpfen wollte, zum Zeichen, daß die Vorlesung beendet sei. Darauf wischte er sich Stirn und Schnurrbart mit der Serviette ab und setzte sich.

Dröhnend erscholl der Applaus durch den Saal. Der Gesangsverein stimmte die Arbeitermarseillaise an, und stehend sangen die begeisterten Parteigenossen: »Wohlan, wer Recht und Freiheit achtet –«

Die Tafel wurde aufgehoben. Es bildeten sich Gruppen. Der gemütliche Teil des Abends begann.

Der Gefeierte konnte sich indessen nicht lange dem Genuß seiner Beliebtheit hingeben. Genosse Schmirl klopfte ihm inmitten eines Rudels von Verehrern, die sich in entzückten Äußerungen über die Selbstbiographie ergingen, derb auf die Schulter und schrie: »Jakob! Das Geschäft ruft. Fraktionssitzung nebenan im kleinen Saal.«

Die anwesenden Mitglieder des Landtags versammelten sich in einem Nebenraum und berieten bei der Zigarre über ihre Stellung bei der Interpellation Rupprecht, die sich besonders auf den Fall des Arbeiters Winckelmann bezog, jenes unabhängigen Hitzkopfs, den man seiner fanatischen Streikhetze wegen, nachdem man ihn schon infolge seiner schweren Verwundung nicht mehr ins Feld schicken konnte, einfach in Schutzhaft genommen hatte.

Das war eine fatale Geschichte, und nach langem Hin und Her und Kopfkratzen und vielen faulen Vorschlägen knuffte Peter Schmirl den alten Freund in die Seite, und Jakob Bröschke trug bedächtig vor, was Peter ihm am Vormittag beigebracht hatte. Er fand allgemeine Zustimmung. Da wurde Dr. Valentin ans Telefon gerufen, und die Parlamentarier begaben sich zur Gesellschaft zurück, wo zwischen Weindunst und Tabaksqualm ein Tosen von Stimmen brandete wie auf dem Zwischendeck eines Auswandererschiffes vor der Landung.

Ganz plötzlich ward es still.

Alles schaute auf. Doktor Valentin stand in der Tür. Sein Schauspielergesicht zuckte vor Erregung, und seine Hand gebot Ruhe.

»Barteigenossen!« Sein Idiom trompetete in den Saal. »Ich gann Ihnen eine eminent wicht'che Mitdeilung machen.«

Die letzten Flüsterlaute verstummten.

»Ich habe soäben den morchigen Dagesbericht delephonisch übermiddelt begommen. Unsre Druppen sind im siechreichen Vordringen beiderseits von Reims, dessen Ostforts in unsrer Hand sind. Die Wranzosen sind über die Marne dem Stoß ausgewichen. Die Unsrichen folchen und haben den Fluß bereits überschridden.«

Einen Augenblick stockte allen der Atem. Dann aber hielt es Eugen Riemann nicht. Den Arm senkrecht in die Luft gereckt, schrie er mit überkippender Stimme: »Hurra!« Und dann noch einmal und ein drittes Mal und jedesmal noch lauter und noch begeisterter: »Hurra! Hurra!!«

Da war nicht zu widerstehn. Die Militärpersonen, zuerst die Chargen, die beiden Beamtenstellvertreter, der Offizierssstellvertreter und die drei Unteroffiziere, dann auch alle übrigen, selbst die ältesten Parteifunktionäre, stimmten mit ein, und das Hurra! donnerte von den Saalwänden wie eine Lawine zwischen Gletschern.

Und der Dirigent des Gesangvereins nahm den Taktstock und gab ein Zeichen, und die Arbeitersänger standen auf und drehten die Hälse aus dem Kragen, und die Festteilnehmer, Männer und Frauen, Alte und Junge – alle, alle folgten dem Beispiel, und brausend wie Orgelklang erscholl aus mehr als achtzig sozialdemokratischen Kehlen der deutsche Sturmgesang: »Deutschland, Deutschland über alles!« – – –

»Es war ein wundervolles Fest«, sagte auf der Heimfahrt in der Droschke Käte Riemann zu ihrem Vater. Aber der hielt auf den Knien ausgebreitet den »Arbeiterboten« und leuchtete mit seiner elektrischen Taschenlampe die Zeilen entlang.

Das Lebensprogramm

(1900)

Als Samuel Ehrenmann dreiundzwanzig Jahre alt war, beschloß er, seinen leichtsinnigen Lebenswandel aufzugeben und einen geregelten und gesitteten zu beginnen. Sein Onkel Isaak, ein frommer und gescheiter Mann, hatte ihn auf dem Totenbett beschworen: »Samuel! Samuel! Laß ab von deinem sündigen Tun! Siehe, ich trete vor unsern Herrn; und wenn der mich fragt: – und was macht Samuel, dein Neffe, den ich dir anvertraut hab, daß du, mein Knecht, ihn erziehest zu einem brauchbaren Mitglied, nu und so weiter, und so weiter – sag selbst, was soll ich antworten, da du doch nicht tust nach Gottes und meinen Worten, da du doch schwelgst eine Nacht wie die andre in Wirtshäusern und mit unmoralischen Freunden und Freundinnen und das Geld verprasset, statt es nutzbringend anzulegen, daß es Zins und Zinseszins trage, wie es deine Väter taten. Samuel, ich sage dir, werde moralisch! Samuel, ich sage dir, werde regelmäßig!« Samuel nahm sich diese Worte zu Herzen und versprach zu halten, was gute Sitte und praktischer Sinn verlangten. Als er das gelobt hatte, sank Onkel Isaak in die Kissen zurück und schloß befriedigt die Augen.

Samuel Ehrenmann begrub seinen Onkel Isaak mit aller Feierlichkeit und in dankbarer Ehrfurcht. Darauf setzte er sich an seinen Schreibtisch und entwarf einen Plan, nach dem er in Zukunft zu leben gedachte.

Er schrieb auf, wann er des Morgens aufstehen wollte, setzte seine Frühstücks-, Mittags- und Abendbrotzeit fest, sorgte für einen täglichen Spaziergang ins nahe Gehölz, überschlug, wieviel Arbeit er in der vorgesehenen Zeit jeden Tag leisten könne, bestimmte danach den Arbeitsplan für sein Leben, berechnete aus den Zinsen seines Vermögens und den Einnahmen seines Arbeitsverdienstes seine Ansprüche an die Welt, verfügte an Hand dieser Berechnung seinen Letzten Willen und dachte an alles, was zu einem behaglichen, friedlichen, regelmäßigen und moralischen Lebenswandel gehört. Mit siebenundzwanzig Jahren wollte er heiraten. Genau setzte er das Datum der Verlobung und der Hochzeit fest, beschloß, vier Kinder zu zeugen, entwarf einen detaillierten Erziehungsplan für sie, bestimmte auch das Festprogramm für seine silberne und goldene Hochzeit und gedachte schließlich am 27. Oktober des

Jahres zu sterben, in dem er am 5. Juni sein 85. Lebensjahr vollendet haben würde, ergeben in Gottes Willen, beweint von Gattin, Kindern und Enkeln, insgesamt zweiundzwanzig Hinterbliebenen.

Das Programm umfaßte eng geschrieben einen Band von 1743 Seiten, die sich Samuel in Schweinsleder binden ließ. Als der Buchbinder seine Arbeit getan hatte, begann jener nach dem Programm zu leben, und er sah, daß er nichts zu bestimmen vergessen hatte. Das Buch gab ihm, wenn es nötig war, die Erlaubnis, sich einen neuen Rock zu kaufen, es wußte, wie oft sein Hut des Bügelns bedurfte, wann das Schuhwerk besohlt und das Hemd gewaschen werden mußte. Alles, bis ins kleinste alles war vorgemerkt. Denn der Geist Onkel Isaaks hatte Samuel die Feder geführt.

Ein Jahr nach dem andern schwand dahin, und an jedem Neujahrstage – für diesen Tag hatte ihn das Programm von allen andern Arbeiten dispensiert – prüfte Samuel Ehrenmann, ob er getan, wie es geschrieben stand, und an jedem Neujahrstage kam er zu dem Ergebnis, daß er mit sich zufrieden sein dürfe und daß ihn sein Lebensprogramm niemals im Stiche gelassen habe.

So wurde er alt und grau und lebte programmgetreu weiter an der Seite seiner lieben Frau, die sich den Bestimmungen des Schweinslederbandes verständnisvoll angepaßt hatte, umringt von seinen vorschriftsmäßig erzeugten und erzogenen Kindern und Enkeln.

Allgemach fühlte Samuel die Zeit nahen, da er sterben mußte. Er durfte schon die Gicht bekommen, denn er war $84^3/_4$ Jahre alt. Aber das Reißen stellte sich nicht ein, und Samuel, der gar nicht in Erwägung zog, daß sein Programm sich etwa irren könnte, nahm an, daß bei ihm die Gicht schmerzlos und knötchenfrei aufträte, rieb also morgens und abends Knie und Schultern mit Opodeldok und Ameisen Spiritus ein – wie es geschrieben stand.

An seinem 85. Geburtstage schlug er den Leitfaden seines Lebens auf, berief nach dessen Maßgabe alle Familienmitglieder um sich und las mit lauter, etwas zitternder Stimme – so wurde es darin verlangt – diese Ansprache vor:

»Geliebte Gattin, teure Kinder, gute Kindeskinder! Seht, heute am 5. Juni dieses gesegneten Lenzes vollende ich mein 85. Lebensjahr, und da ich am 27. Oktober dieses gleichen Jahres zu meinen Vätern und zu unserm in Gott ruhenden Onkel Isaak heimgehen muß, so könnt ihr ausrechnen, daß die Frist, die der Himmel mir noch gesetzt hat, heute genau vier Monate, drei Wochen und einen Tag beträgt. Diese Zeit ist mir bestimmt, um mich zum Tode vorzubereiten. Dazu habe ich vor allen Dingen meine finanziellen Angelegenheiten in Ordnung zu bringen und jedem von euch zuzuteilen, was ihm aus meinem Nachlasse zufallen soll. So überreiche ich euch hier je eine spezialisierte Berechnung seines Erbschaftsanteils.« Damit entnahm Samuel gemäß der Programmordnung dieser zweiundzwanzig Scheine und verteilte sie unter den Umstehenden. »Mir selbst«, fuhr er fort, »reserviere ich nur soviel, wie ich für den Rest des Lebens gebrauche. Das macht täglich eine Mark 65 Pfennige, für die 144 Tage also, welche mir noch beschieden sind, 237 Mark und 60 Pfennige. Wenn diese Summe aufgebraucht sein wird, werde ich mich auf meine Chaiselongue legen und alsbald einschlafen. Um 5 Uhr 42 nachmittags wird ein durch Altersschwäche verursachter Herzschlag meinem Dasein ein Ende setzen. Du, meine heißgeliebte Gattin, treue Lebensgefährtin, Mutter meiner Kinder und Ahne meiner Enkel, wirst mich auffinden und an den Folgen des Schreckens, der dir in deinem Alter nicht mehr zuträglich ist, in 2 Monaten, einer Woche und 5 Tagen, demnach am 8. Januar des kommenden Jahres, mir in die ewige Seligkeit folgen; dein Erbschaftsanteil ist dementsprechend bemessen worden. Über die Begräbnisfeierlichkeiten findet ihr alles Nähere auf Seite 1698 bis 1727 dieses Programms. Das herrlichste Vermächtnis aber, das ich euch zu hinterlassen habe, ist der Hinweis auf meine Erdenlaufbahn, die ich glaube geführt zu haben im Sinne unseres seligen Onkels, Großonkels und Urgroßonkels Isaak. Nehmt euch sein und mein Vorbild zum Beispiel und geht jetzt an eure Beschäftigung, wie ich an die meinige zu gehen gedenke, die ich mir vor zweiundsechzig Jahren in diesem Schweinslederbande vorgezeichnet habe.«

Der Alte schwieg, und in tiefer Rührung ging die Familie auseinander. Die Teilung der Erbschaft wurde in den hierzu im Programm bestimmten Stunden vorgenommen, und Samuel Ehrenmann sah ruhig und gefaßt, bei einem Geldverbrauch von täglich 1 Mark 65 Pfennigen, seiner Auflösung entgegen. Die Gicht verlief weiterhin schmerzlos und ohne sichtbare Merkmale.

Der 27. Oktober war da. Um 4 Uhr 55 Minuten kehrte Samuel vom Postamt heim, wo er für die letzten 20 Pfennige seiner 237 Mark 60 eine Briefmarke gekauft und auf das seit seinem 24. Lebensjahre versandfertige Schreiben geklebt hatte, das sein Ableben dem Standesamt kundtat.

Rüstig erhobenen Hauptes begab er sich in sein Zimmer und legte sich auf die Chaiselongue. Um 5 Uhr 16, ganz nach Vorschrift, schlief er ein, und seine kräftig schnarchenden Atemzüge kündeten der im Nebenraum harrenden Frau Ehrenmann, daß die Stunde gekommen sei, da ihr Gatte ins Jenseits hinüberschlummerte. Sie sah nach dem Regulator. Punkt 5 Uhr 43, eine Minute nach dem planmäßigen Abgang mit Tode, erhob sie sich zu dem hoffnungslosen Versuch, den Schläfer zu wecken. Langgezogene sägende Töne schollen ihr schon an der Tür entgegen, und tränenden Auges, tiefgebeugt blieb Frau Ehrenmann vor dem Schlummernden stehn, ihr Los beklagend, sich im nächsten Augenblick als seine Witwe erkennen zu müssen.

»Samuelchen«, hauchte sie bewegt, und als er keine Antwort gab, sondern, den Atem laut durch die Nase ziehend, sich auf die andre Seite warf, da schrie sie vor Schmerz überwältigt auf: »Samuel! Mein Geliebter! Du bist tot! Oh, ich Ärmste! Ich unglückselige Witwe!«

Jammernd und schluchzend warf sie sich über ihn, von dem teuren Toten auf ewig Abschied zu nehmen. Da schlug Samuel die Augen auf.

Entsetzt starrte die Gattin ihn an. »Samuel!« kreischte sie. »Aber Samuel! Bist du denn noch nicht tot?! Und dein Programm – –?! Samuel!!«

Ratlos blickte der Erwachte in die verweinten Augen seiner Frau. Da betrat auch schon verstört und bleich, wie es befohlen war, und bereits schwarz gekleidet, die ganze Familie das Sterbezimmer.

»Denkt euch nur«, klagte Samuel, »ich bin gar nicht gestorben!«

»Nicht?« fragten Kinder und Enkel schaudernd. »Und das Programm?«

»Nein, nein – trotzdem!« Ungläubig umstanden die Hinterbliebenen das Sterbelager.

Da erhob sich Samuel Ehrenmann von der Chaiselongue, hob gewaltig die Arme in die Höhe und rief: »Gebt mir mein Geld zurück, ihr Erbschleicher!«

Da Samuels Programm eine Programm Widrigkeit nicht vorgesehen hatte, war die friedliche Eintracht, die so lange über der Familie Ehrenmann gewaltet hatte, vernichtet. Frau Ehrenmann und Samuels zweiundzwanzig Hinterbliebene warfen den Alten aus dem Hause, das ihm nicht mehr gehörte. Mit Hilfe eines Rechtsanwaltes und der Besatzung der nächstgelegenen Polizeiwache warf alsdann Samuel Ehrenmann

251

seine Erben aus dem Hause, das ihnen noch nicht gehöre. Am 8. Januar, ihrem programmäßigen Todestage, schloß sich Frau Ehrenmann der Prozeßpartei ihres Gatten an. Der Staatsanwalt seinerseits schritt gegen Samuel ein wegen einer Falschmeldung beim Standesamt. Die gesamte Erbmasse verschwand allmählich in den Kassenschränken der prozessierenden Advokaten, die heute noch um den Ertrag des inzwischen subhastierten Ehrenmannschen Hauses untereinander prozessieren. Der Umfang der in Sachen Ehrenmann contra Ehrenmanns Erben angehäuften Akten übersteigt längst den des Schweinslederbandes, dessen Versagen in einem einzigen Punkte all die Verwirrung hervorgerufen hat. Nachdem Samuel Ehrenmann seine Gefängnisstrafe wegen Irreführung einer staatlichen Behörde abgesessen hatte, fand er Aufnahme in einem Asyl für schwachsinnige Greise, wo er an einem wissenschaftlichen Werk über die Gicht als betrügerische Vorspiegelung von Erbschleichern arbeitet. Was Frau Ehrenmann betrifft, so wurde ihr auf dem Vergleichswege die Chaiselongue zugesprochen, auf welcher sie ihr Samuel nicht zur Witwe werden ließ. Sie verbringt ihren Lebensabend in einem Heim für verlassene Matronen und klöppelt dort für das gerettete Möbelstück eine moderne schwarzumränderte Chaiselonguedecke.   252

Letzte Gedanken

Eugen hatte herausgefunden, daß er am besten alles sehen würde, wenn der Spiegel etwas schräg zurückgelegt auf dem Tisch stände. Er saß auf dem Schreibtischsessel davor, den Kopf im Nacken, den Leib vorgebeugt. – Nun faßte er die Nase zwischen Daumen und Zeigefinger und setzte das Messer unter der Kehle an. Er zog die Nasenspitze hinauf und drehte die Schneide des Rasiermessers fest herum; sie drang ihm tief in den Hals.

Eugen fühlte, wie das Messer seiner Hand entfiel, und sah, wie der Blutstrahl gegen den Spiegel schoß. Es ist nicht schlimm, dachte er. Nicht einmal sehr kalt am Halse. Wahrscheinlich erwärmt das Blut sofort das Messer. Aber kolossal viel Blut spritzt da heraus – und es sieht über dem Spiegelglas ziemlich hell aus.

Er merkte, wie ihm der Kopf langsam vornüber sank. Dabei fiel ihm ein, daß er beschlossen hatte, die Gedanken während des Sterbens genau zu kontrollieren. Das ganze Leben, hatte er irgendwo gelesen, soll ja im letzten Moment blitzschnell noch an einem vorüberziehen. Na, so blitzschnell, schien ihm, kamen die Gedanken eben nicht daher. Es war doch schon eine ganze Weile her, daß er sich den Hals durchschnitt. – Langsam, ganz langsam fühlte er den Körper in die Stuhllehne zurücksinken.

Es würde aber, zum Donnerwetter, bald Zeit werden, daß die Erinnerungen sich einstellten! … Kindheit – Liebschaften – Examina – – wo anfangen? Eugen dachte angestrengt nach. Wie denn? Litt er plötzlich an Gedankenflucht? Lächerlich, wenn er grade in diesem interessantesten Augenblick seines Lebens sein bißchen Kontrollfähigkeit nicht beisammen haben sollte.

Mit vieler Mühe fiel ihm der Name Klumpatsch ein. Ein sonderbarer Name! Klumpatsch! Wie ein Mensch bloß so einen Namen haben konnte! Wird selbst schon ein rechter Klumpen Matsch sein!

Hem – wer ist denn der Klumpatsch überhaupt? Woher kenne ich ihn nur? Wie komme ich grade jetzt auf den Namen? – Muß ihn wohl mal gelesen haben – in einer Novelle vielleicht – – oder einem Märchen – – ?

Die Betrachtungen brachen plötzlich ab. Eugen hörte sich schreien. Es war ein gurgelnder dumpfer Schrei, aber doch übermäßig laut; er klang wie von weit her und als ob ihn ein schrill gellendes Echo zurückgäbe.

Seltsam lange dauert es, bis man seine eigenen Laute hört. Es muß also falsch sein, daß der Schall erst auf große Entfernungen nachklappt. Von mir zu mir ist doch keine Entfernung! Wahrscheinlich bewegen sich die Schallwellen aus der eigenen Stimme zuerst vom Menschen weg und werden dann auf Umwegen zu ihm zurückgetragen. Ein akustisches Phänomen, mit dem man sich mal beschäftigen sollte.

Beschäftigen – – ja: aber, Herrgott, die Zeit vergeht. Woran dachte er gleich? – Leben vorüberziehen lassen – – Erinnerungen –?? Erinnerungen – ja so, Klumpatsch!! Richtig.

Klumpatsch – wo war ihm der noch begegnet? In einem Kindermärchen – natürlich! Kinder – – Kinderstube – – – Teufel noch mal!

Eugen empfand ein kühles Gefühl im Hinterkopf und wurde wütend. Sitze ich denn hier, um mich mit Klumpatsch zu beschäftigen? Es wird wohl endlich Zeit, daß die Erinnerungen vorbeimarschieren? Also! – Eugen nahm sich zusammen. Vaterhaus – Kinderstube – Eltern – Freunde – – Uhraufziehen – – Das sind doch keine Erinnerungen! Dabei empfinde ich ja gar nichts – sehe nichts – erlebe nichts – –; das sind doch bloß Worte, künstlich herzitierte Worte.

Wortassoziationen! – Die Psychoanalytiker sind eigentlich nicht dumm. Das Wort ist primär – aus Worten werden Begriffe. ?– – Mauthner – –

Mauthner – ja. Und Kant. Sprache und Vernunft. Andrerseits: denkende Tiere! Der kluge Rolf – – komisch!

Kant – Rolf – Mauthner – – verflucht! Dabei denke ich mir ja wieder mal gar nichts. Das sind doch alles bloß wieder Worte – Worte – – Worte? … Ach was! Gedanken konzentrieren! Will doch sehen, ob ich die Erinnerungen nicht herkriege! – Vielleicht geht's mit einem Frage- und Antwortspiel. – Wie heißt mein Mädel? Lucie! – Richtig. Haare? Blond. – Augen? Blau, eigentlich mehr graublau. Graublau – jawohl, gewiß – nur weiter! – Hände? Hände – Hände sind etwas Merkwürdiges. – Lucies Hände – ja doch! Lucies Hände: Hände – Finger – – Klavierspielen – – –. Das Klavier müßte wahrhaftig gestimmt werden …

So geht's nicht. – Was wollte ich denn – –? Erinnerungen! Noch mal von vorn: Olga, Röschen, Gertrud, Else – – Kuckuck!

Was sollen mir denn die Mädchen alle?! Lauter Namen ohne Sinn und Bedeutung. – Ich hab doch Erlebnisse genug. Sakrament! Warum denn nun lauter fremde Frauennamen? – –

Es scheint wirklich nicht zu gehen. – Übrigens sehr beachtenswert, daß ich alle Gedanken in Worten ausdenke! Daher muß ich so lange nach den Erinnerungen suchen.

Also noch mal, von Anfang an: – Kindheit – Schule – Eltern – Klumpatsch – – Klumpatsch – – – Esel!!

Ärgerlich, ich komme nicht über den blöden Klumpatsch weg! – – Lucie: L, U, C, I, E; L, U – Lu, C, I, E – Cie; Lucie! Lu-cie – Li-Zu; Lucie, mach dein Lid zu! – – Sehr gut! Ausgezeichnet!

Himmel, ich komme nicht weiter! – Ich Esel! Ich E-sel!!! – –. Ee-ee-sel! Eeeee-sälll!!! Ich E-hee – – sählll!! – Eeehhhhää – – sääh – – elll – – – – – – – – – –

Eugens Wirtin hörte den Schrei und stürzte in sein Zimmer. Sie fand den jungen Mann mit verglasten Augen im Schreibtischsessel zusammengesunken und mit Blut über und über besudelt tot vor. Sie alarmierte das Haus, die Straße. Man schrie nach der Polizei, dem Arzt.

»Er hat sich mit dem Rasiermesser die Kehle durchschnitten«, sagte der Polizeileutnant.

Der Arzt stellte fest, daß der Tod auf der Stelle eingetreten sein mußte.

255

256

Das Gutachten

Als Karl Hübner nach furchtbaren Kämpfen der Kränkung, der Eifersucht, des Zweifels und der seelischen Abwehr seiner Geliebten auf den Kopf zugesagt hatte, daß sie ihn mit Ferdinand Blohm betrüge, da antwortete Lisa ganz ruhig und selbstverständlich: »Ich weiß nicht, was du von mir willst. Was ich in deiner Abwesenheit tue, geht dich nicht das geringste an. Hab ich dich je nach der Art deines Verkehrs mit diesem oder jenem Mädchen gefragt? Besitzrechte auf meine Person habe ich dir niemals zugestanden. Daß ich dich liebhabe, weißt du. Genügt dir das nicht, so mußt du auf mich verzichten. Über meine Beziehung zu Blohm gebe ich dir keine Auskunft. Du fragst ja auch nur aus ganz kleinlichen und selbstischen Gründen danach. Ob ich ihn liebe oder mit ihm befreundet bin, ist meine Sache. Von ›Betrügen‹ zu sprechen ist unglaublich dumm.«

Das hatte Karl Hübner sehr zu denken gegeben. Eigentlich hatte Lisa natürlich recht. Aber wenn man ein Mädchen liebt, ist es einem doch nicht gleichgültig, ob es einem treu ist oder nicht. Er drehte sich eine Zigarette und ließ sie wieder auseinanderfallen. Er wollte mal mit Dr. Otto offen über die ganze Geschichte sprechen. Allerdings – der hatte ja Lisa und ihm selbst die Ansichten über die geschlechtliche Exklusivität als lächerliches Vorurteil spießiger Kleinbürger erst beigebracht. Trotzdem würde er Karls Nervenqualen angesichts des realen Falles schon begreifen, ein Facharzt für psychische Leiden, gescheit, einfühlend und voll beruhigender Güte.

Dr. Otto kam.

»Doktor«, sagte Karl Hübner, als sich der Freund kaum gesetzt hatte, »ich halt's nicht mehr aus. Du mußt mir helfen. Lisa macht mich verrückt. Ich muß, muß absolut wissen, was sie mit Blohm hat.«

»Frag sie doch.«

»Sie sagt's mir nicht. Es gehe mich nichts an.«

»Recht so. Sei doch vernünftig, Karl. Stell dir doch vor: wenn Lisa bei dir ist, möchtest du die Empfindung haben, es hätte sich irgendwer drum zu kümmern?«

»Ich kann's aber nicht ertragen. Ich kann nicht!« Er riß an seinen Haaren.

»Dann mußt du mit ihr brechen.«

256

»Das kann ich erst recht nicht. Versteh mich doch: ich muß doch einen Menschen haben, eine Frau, die mich liebt, an die ich mich halten kann, die –«.

»Halt! Du brauchst eine Frau, an die du dich halten kannst. Dann ist deine Liebe zu Lisa nichts als Schwäche. Du willst das frische Mädel, das mit offenen Augen ins Leben schaut und nur sich selbst gehören will, als Geländer für deine Wackligkeit benutzen. Statt seelenfroh zu sein, daß sie dich liebt, verlangst du ›Treue‹ von ihr und peinigst sie und dich selbst mit armseliger Eifersucht. Schäme dich ein bißchen, mein Junge.«

»M – meinetwegen«, sagte Karl Hübner, der manchmal Schwierigkeiten hatte, gewisse Anfangsbuchstaben herauszubringen. »Ich weiß das alles. Aber es geht mir nun mal gegen das Gefühl. Und übrigens – – andern Leuten – es gibt doch nicht bloß so verstiegene Kreise wie unsre – ist die Treue in der Liebe die natürlichste Forderung von der Welt. Mit dem Kopf geb ich natürlich dir recht, aber mit dem Gefühl ––«.

»Du mußt darüber hinwegkommen. Dein ganzer Umgang lebt in der Welt, die diese Überlieferungs-Suggestion abgetan hat. Und Lisa selbst hat dich doch nie darüber zu täuschen versucht, daß sie ebenso denkt wie alle deine Freunde.«

257 Es gab ein sehr ernsthaftes Gespräch. Der Doktor zerpflückte mit seiner sachlichen Klarheit jeden Einwand Hübners, brachte ihn auch endlich zu dem Entschluß, gegen seine törichte Schwäche anzukämpfen. Ja, er wollte Lisa ihre Freiheit lassen und die Freiheit, die sie ihm einräumte, ausnutzen. Am liebsten hätte er es ihr sofort gesagt: Also, ich will mich ändern. Ich will dich nicht mehr quälen und dir in Gedanken nachspitzeln. Tu, was du willst, wenn du mir nur gut bist, solange wir beisammen sind.

Könnte er es ihr nur gleich klarmachen, womöglich mit den klugen, einleuchtenden Worten des Doktors. Schade, daß sie nicht da war. Wo mochte sie sein? – Bei Blohm? – Karl Hübners Stirn zog sich zusammen. Er sah das Zimmer des andern, sah Lisa, wie sie schöntat mit ihm. Wo waren plötzlich die guten Vorsätze, die charaktervollen Entschlüsse? Der Doktor sprach gelassen weiter. Er merkte nichts von den veränderten Bildern in Karls Gedanken.

Da schlug dessen Faust auf den Tisch. Wütend sprang er auf. Das Fenster klirrte. Der Doktor fuhr erschrocken zusammen.

»Zum Teufel mit eurer freien Moral! Dreimal zum Teufel! Ich ertrag's nicht! M – mir gehört sie! Den Kerl, der sie anrührt, bring ich um! Sie erschieß ich – oder mich selbst. Nein, den geilen Bock, den verfluchten, den erschieß ich! Einen von uns dreien bring ich um! Der Satan soll mich holen – einer muß dran glauben: sie oder ich oder er! Einer von uns dreien!!«

Dr. Otto ließ den Ausbruch austoben. Danach nahm er den Freund bei der Hand: »Ich will dir einen Vorschlag machen, Karl. Du brauchst Erholung, eine andre Umgebung, Luftwechsel, neue Eindrücke. Du weißt, ich fahre nach Pallanza hinunter. Komm mit.«

»Hab kein Geld«, knurrte Hübner.

»Ich lad dich ein. Es ist auch für mich besser, wenn ich in Begleitung bin.« Es war nicht schwer, den aufgeregten Menschen zu überreden. Er sah selbst ein, daß ihm die räumliche Entfernung von Lisa den see 258 lichen Druck erleichtern werde.

Säßen wir nur erst auf der Bahn! dachte der Doktor, während er zu Hause die Reise Vorbereitungen traf. Der Junge ist imstande, noch vorher Dummheiten zu machen. Es war unbedingt notwendig, die Abreise aufs äußerste zu beschleunigen. Die krankhafte Überreizung Hübners konnte jeden Augenblick zu einem Exzeß führen. Der Doktor überlegte einen Moment, dann nahm er einen Bogen Papier und schrieb:

»Der Maler Karl Hübner ist mir seit drei Jahren persönlich befreundet und befindet sich seit einem halben Jahr in meiner nervenärztlichen Behandlung. Er ist psychopathisch schwer belastet, leidet an hysterischen Dämmerzuständen, die zeitweilig seine freien Willensentschließungen beeinträchtigen. Sollte er in Erregung oder Verwirrung eine strafrechtlich unzulässige Handlung begehen, so ist er nach meiner ärztlichen Überzeugung unter keinen Umständen dafür verantwortlich zu machen. Ich halte es für angezeigt, dies für alle Fälle schriftlich festzustellen.«

Dieses Gutachten unterzeichnete er, datierte es einige Wochen zurück und legte es in seine Brieftasche.

Karl Hübners Zorn war vergangen. Er kramte in aller Ruhe seine Sachen zusammen und legte ein Stück nach dem andern sorgfältig in den Koffer. Aber als ob eine Feder sich nicht ganz abgespult hätte und noch hin und wieder einen kleinen Ruck macht, hielt er während des Packens zwei-, dreimal inne, sah starr in die Luft und quetschte tonlos, wie automatisch hervor: »Einer von uns dreien!«– – – – – – – – – – –
– – – – – – – – – – – – – – – – –

-- -- -- -- -- -- -- -- -- -- -- -- -- -- -- -- -- --

Dr. Otto und Karl Hübner bezogen im Deutschen Hause in Pallanza zwei nebeneinander liegende Zimmer mit gemeinschaftlichem Balkon zum See hinaus.

Die Reise war ganz gut verlaufen. Zuerst war Karl Hübner ziemlich schwer aus seinem Vorsichhinbrüten aufzuwecken gewesen. Die Pracht der Schweiz hatte ihm aber das Malerauge geöffnet, und er wurde wirklich lebhaft, als der Doktor ihn in der Gotthardbahn von einem Fenster zum andern jagte und er die Dörfer und Städtchen, die er eben noch zur Rechten hoch über sich gesehen hatte, plötzlich links unter sich liegen sah. In Locarno verließ man die Eisenbahn und trat in froher Erregung die Wasserfahrt an. Die düstere Herrlichkeit des Lago Maggiore, anfangs eingepreßt in dunkelgrüne Berghänge, die sich hier und da vulkanartig zuspitzten, das gehobene Bewußtsein, als das Schiff bei Brissago die Grenze Italiens schnitt, brachte die kleine Menschlichkeit des Künstlers ganz zur Ruhe. Der See verbreitete sich, wurde lichter zwischen den niedriger geschwungenen Bergen, und nahe dem Ziel senkten sich die Höhen, zur Linken teilte sich das Wasser, das Ufer in der Ferne verschwand. Rechts aber erschienen, das einbiegende Schiff begrüßend, die Zypressengärten von Intra. Dicht vorüber ging's, den Borromäischen Inseln zu, und in rascher Wendung keuchte die Maschine an die Landungsbrücke von Pallanza.

Nun standen sie auf dem Balkon und genossen die Fernsicht. Hinter der Isola Madre sank die Sonne. Sie legte gelbe Streifen über den Horizont, die von den mächtigen Massen des Simplonzuges bis tief in die lombardische Ebene reichten. Dort drüben lag Genua, lag das Mittelmeer, nicht weiter als einen kurzen Schwalbenflug. Lange sahen die Freunde schweigend hinaus.

Als es Abend wurde und im Ort an den Fenstern die Lichter aufglühten, ging Hübner allein aus dem Hotel. Er erheiterte sich an der Geschäftigkeit der Menschen bei der Landungsbrücke, wo Italiener und Schweizer, Engländer und Russen sich lärmend umeinander bewegten und schwarzlockige Gepäckträger mit sicherer Gleichgültigkeit zwischen der betriebsamen Aufregung der reichen Leute ihre Arbeit taten. Er strich durch die hügeligen, engen, seltsamen Straßen, wo vor den Häusern Südfrüchte und Ansichtskarten, Kinderschiffchen, Sandalen und Leinenanzüge aufgebaut waren, kam an Osterien vorbei, vor denen junge Italiener spielten, schrien und zechten, auf die Chaussee, die sich erst an wundervollen Gärten mit exotischen Gewächsen entlangzog, dann zwischen den riesigen Bergen zur Linken und dem im Dunkeln glitzernden See zur Rechten weiterführte.

Sterne blitzten am tiefdunkelblauen Himmel, schwer wehte der nächtliche Duft des Südens von den Gipfeln herab, aus dem Wasser herauf. Karl Hübner fühlte den Druck der Luft um seinen Kopf. Seine Gedanken krochen zurück zu den Skrupeln, denen er fliehen wollte. Ob Lisa ihn vermißte? Kaum. Er sah sie im Zimmer des andern, sah Ferdinand Blohm, wie er mit ihr schöntat. Er hätte nicht reisen sollen! Sonst konnte er doch kontrollieren, wann sie nicht bei ihm war; das gab immer einen Anhaltspunkt. Jetzt wußte er gar nichts. Jetzt war er fort, und sie konnte von früh bis abends bei Blohm sein und – von abends bis in die Frühe! Ganz wie es ihr paßte. Seine Eifersucht erreichte sie gar nicht. Einer muß dran glauben, knurrte er und griff in die Tasche. Dort stak sein Revolver mit der Perlmutteinlage. Hehe, den hatte er sich schon beigesteckt, als es auf die Reise ging, auch noch nachgesehen, ob er geladen sei.

Er holte die Waffe hervor und besah den hübschen kunstvollen Griff. Die Sicherung war geschlossen. Karl hielt den Lauf ziemlich weit von sich und richtete die Mündung zur Seite. Ach, es konnte ja nichts passieren; er drehte das Ding mutig zu sich herum und sah ihm zärtlich in den Schlund, wie eine Mutter dem Kinde, das über Halsschmerzen klagt. Es war prickelnd. Langsam hob er den Revolver höher, setzte ihn an die Stirn. Der Stahl war kalt. Karl Hübner empfand ein Gefühl von Tapferkeit. Das stimmte ihn besser. Er imponierte sich. Ein Windzug erinnerte ihn, wo er sei, was er treibe. Rasch schob er die Waffe in die Tasche, ging eilig zurück zum Deutschen Hause.

»Doktor«, sagte er, »bitte, nimm du den Revolver in Verwahrung. Es ist wohl sicherer, wenn ich ihn nicht bei mir trage.«

Dr. Otto freute sich über die Verständigkeit des Freundes und legte das Instrument neben seine Brieftasche ins Nachtkästchen. – –

Die Verbindungstür zwischen ihren Zimmern stand offen. Karl Hübner hatte es so gewünscht. Das Alleinsein beunruhigte ihn. Er brauchte einen Zeugen für seine Empfindungen. Sie riefen einander »Gute Nacht!« zu.

Der Doktor, müde von der langen Reise mit ihren vielerlei Eindrücken, abgespannt auch von der Sorge um den Freund, der stündlich für Aufregung sorgte, horchte ins Nebenzimmer. Er hörte ein schmerzliches Stöhnen; aber der Doktor wußte Bescheid: das war kein Stöhnen einer verzweifelten Seele, es war ein Stöhnen, das gehört werden wollte, das das Einschlafen des andern erwartete, um selbst zur Ruhe kommen zu dürfen. Der Doktor lächelte und schlief ein.

Karl Hübners Stöhnen gab sich sofort, als er die regelmäßigen Atemzüge des Freundes wahrnahm. Er verfiel in Betrachtungen. So: jetzt war er also in Italien, im Lande der Schönheit und der Künste. Und zwar war er nicht als Maler hier, um am Lago Maggiore Landschaftsmotive zu suchen, sondern – eigentlich doch als Patient, sozusagen als Rekonvaleszent, um sich von den unbequemen Folgen einer neumodischen Moral zu erholen. Eine komische Sache, und es war natürlich blödsinnig, von so einer überstürzten Reise die Einsicht zu erwarten, daß alle seine besten und tiefsten Gefühle falsch und philiströs sein sollten. So was! Seine Liebe zu Lisa saß doch wohl etwas fester, als daß man sie mit einer Luftkur im Süden aus ihm herausziehen könnte. Lisa! Er wurde sentimental und dachte daran, wie er sich heute auf dem Spaziergang den Revolver an die Stirn gehalten hatte. Hätte er nur abgedrückt! ... Am Ende sollte er es jetzt noch tun! Draußen an der Chaussee, wo die Gärten aufhören, zwischen dem Lago und den Bergen! Morgen würden sie ihn finden, bleich und tot, im hohen Gras, und die Zypressen würden über ihm rauschen und der Seeweinen. – Was der Doktor wohl sagen würde? – Und Lisa?! Sie würde ihn schon betrauern; vielleicht sähe sie ein, was sie ihm angetan hatte, und Blohm, der doch eigentlich die Schuld trug, wäre natürlich für sie erledigt. Er sprang aus dem Bett und stellte sich ans Fenster. Der Mond stand hell über dem Wasser, wie ein gelbes Horn, aus dem giftige Dämpfe steigen. Der Himmel war wie aus violettem Samt, von dem sich die Sterne schreiend grell abhoben. Der eindringliche Rhythmus des Lago Maggiore schlug laut ans Ufer.

Der Doktor atmete ärgerlich laut. Der konnte unbekümmert schlafen, während der Freund, der von ihm zu dieser lächerlichen Reise verführte Freund, drei Schritte entfernt die Weihe und den Schauder des Todes verspürte. Nun, er sollte sich wundern, er und auch Lisa. Sie würden schon innewerden, wie unrecht sie ihm taten; Lisa würde sich treulos schelten und der Doktor sich verfluchen wegen der einfältigen Idee, ein freier Mensch dürfe nicht eifersüchtig sein.

Der Entschluß stand fest. Karl Hübner kleidete sich schnell an. Der Mond gab dem Zimmer eine dumpfe Helligkeit, die der Todesstimmung sehr zugute kam.

Dr. Otto schlief mit offenem Munde. Sein Gesicht zeigte den zufriedensten Ausdruck. Karl Hübner öffnete das Nachtkästchen. Da lag der Revolver. Der Mond schien so hell in die Schublade, daß das Muster der Perlmutteinlage am Griff deutlich zu erkennen war. Vorsorglich nahm der Selbstmörder die Waffe in die Hand. Dies war also das schmale schwarze Rohr, aus dem ihm noch in dieser Stunde der Tod in den Schädel fahren sollte. Draußen bei der Chaussee, wo die Zypressen im Nachtwind rauschen. Ihn fröstelte ein wenig. Aber eine Entschlossenheit straffte ihn, die nicht mehr zur Prüfung stand. 263

Er schob das Nachtkästchen zu, zog es gleich wieder auf. Nicht, um den Revolver zurückzulegen. Das kam gar nicht in Frage. Aber da hatte er eben auch des Doktors Brieftasche liegen sehn. Karl Hübner legte den Revolver auf den Nachttisch und klappte die Brieftasche auf. Da stak ein dicker Stoß zusammengefalteter Hundertlirescheine. Die Ecken zwischen zwei Fingern, ließ er die Banknoten zärtlich über den Daumen blättern.

Da war noch ein Zettel, der steckte allein. Karl Hübner entfaltete ihn mit einem scheuen Blick auf den Schlafenden. Es war das Attest – für alle Fälle. – Das war ja merkwürdig. Stand es so?! Und das Datum lag schon mehrere Wochen zurück. – Also für unzurechnungsfähig hielt ihn der Doktor und traute ihm zu, er könne in geistiger Verwirrung Verbrechen begehen! Na, er sollte sich getäuscht haben, der Herr Psychologe und Psychiater! Morgen, vor der Leiche des Freundes, würde er ja zur Einsicht kommen.

Der Maler legte den Zettel zusammen und steckte ihn wieder in die Brieftasche, streichelte noch einmal über die Geldscheine und schloß die Schublade. Er nahm den Revolver wieder zur Hand. Ihm fiel etwas Neues ein: Wenn er sich gleich hier erschösse! Gleich vor dem Bett des Doktors! Der würde einen netten Schrecken kriegen, wenn plötzlich der Schuß dröhnte und Karl tot in seinem Blut daläge!

Eine förmliche Wut gegen den Doktor befiel ihn. Der hatte es gut. Wenn die Hundertlirenoten ihm, Karl Hübner, gehörten, dann wäre er einfach heute noch zurückgefahren zu Lisa; dann wären alle Zweifel und Ängste behoben. Jetzt war das Unglück da; der da hatte es herbeigeführt mit seinen verschrobenen Anschauungen, die Lisa den moralischen Rückhalt gaben für ihr Verhalten. Was dabei aus dem andern Menschen wurde, das scherte ja den Doktor nicht. Wer das Geld hat, kann ja bestimmen, und der andre ist abhängig, muß sich ducken und gängeln lassen. Und nun dies Attest! Wie kam denn der Mensch dazu, seinem angeblichen Freund einfach zu bescheinigen, daß er verrückt sei? Was bildete er sich überhaupt ein? Und was für eine strafrechtlich unzulässige Handlung sollte er, Hübner, denn wohl begehen? Meinte der Doktor, er werde Lisa umbringen oder – oder Blohm?! Karl Hübner zuckte zusammen. Donnerwetter, nein! Mochten doch die treiben, wozu sie Lust hätten! Er dachte gar nicht daran, ihnen was anzutun. Sich selbst wollte er erschießen! Jetzt! Hier! Auf der Stelle! Du wirst dich wundern, Doktorchen!

Rasch bog er den Revolver aufwärts. Einen Augenblick zögerte die Hand, dann riß er sie hastig hoch – der Stirne zu …

Aber er vollendete die Bewegung nicht. Blitzschnell traf das Hirn eine andere Entscheidung. Das Handgelenk fuhr herum. Die Waffe stand vor dem Kopf des Doktors. Karl Hübner drückte ab. – – –

Dr. Otto gab einen röchelnden Seufzer von sich. Seine Lider hoben sich ein wenig; die halboffenen Augen starrten mit gläsernem Erstaunen ins Leere.

Er war gleich tot.

– –

Als die durch den Schuß alarmierten Hotelleute ins Zimmer drangen, stand Karl Hübner wie gelähmt vor dem Bett seines Freundes. Die rechte Hand krampfte sich um den Revolver, die linke hielt er mit gespreizten Fingern schief vor sich. Auf die Fragen, die man an ihn richtete, antwortete er nicht. Er brachte nur ein blödes W – – w – – heraus.

Das Gericht konnte ihm nichts anhaben. Das bei dem Ermordeten vorgefundene ärztliche Gutachten, das von den Sachverständigen als in jeder Hinsicht einwandfrei bestätigt wurde, bedingte die Freisprechung Karl Hübners.

Anekdoten

Ehrenhandel

In der Münchener Ortsgruppe des Schutzverbandes deutscher Schriftsteller hatte es Krach gegeben, in dessen Verlauf Carl Rößler dem
Verhandlungsleiter Reinhold Ortmann zurief: »Sie sind ein unanständiger Mensch!« Die Folge war eine Beleidigungsklage.

Rößler wohnte damals in derselben Pension wie ich, und wir waren
täglich beisammen. Der Konflikt mit dem Engelhorn-Autor versetzte
ihn in eine höchst kämpferische Stimmung: »Der Kitschier, der elendi-
ge!« schrie er. »Er soll mich nur verklagen. Ich werd's ihm beweisen,
daß er ein unanständiger Mensch ist. Mögen sie mich zu 1000 Mark
verurteilen – und wenn sie mich einsperren – ich nehme kein Wort
zurück! Hier gibt's keinen Vergleich! So ein Schmierfink! So ein erbärm-
licher Nichtskönner, dieser Marlittschmock!« Michael Kohlhaas war
ein friedfertiger Schlappschwanz gegen Carl Rößler. Und so ging es
wochenlang. Man brauchte nur anzutippen, und alle Schleusen der Wut
öffneten sich gegen den armen Reinhold Ortmann.

Eines Vormittags kam ich zu Rößler ins Zimmer, um ihn abzuholen.
Er saß am Schreibtisch. »Ich schreibe grade an Ortmann«, erklärte er,
»hör mal zu.« Zu meinem maßlosen Erstaunen las er mir nun seinen
Brief vor. Er nehme die im Eifer der Erregung gegen Ortmann geäußerte
Beleidigung mit dem Ausdruck des tiefsten Bedauerns zurück; erkläre
sich bereit, alle bereits dem Kläger erwachsenen Kosten zu tragen, und
hoffe als alter Verehrer der Werke Reinhold Ortmanns auf dessen
Verzeihung und auf die Zurückziehung der Klage.

»Aber«, fragte ich völlig konsterniert, »du hast doch gestern noch»–
– »Nun ja, da ist heute die Vorladung gekommen. Der Termin ist in 266
der Früh um halb neun; ich kann doch nicht mitten in der Nacht aufstehn!«

Nicht deuteln

Als Max Reinhard mit seinem Ensemble im Münchener Künstlertheater
gastierte, befand ich mich einmal am Künstlertisch der Torggelstube
allein mit Adele Sandrock. Wir sprachen über die Wiener Literaten.

Die große Tragödin geriet in Feuer: »Oh, ich kenne sie alle!« donnerte sie mit ihrem gewaltigen Organ. »Arthur Schnitzler, Hugo von Hofmannsthal, Beer-Hofmann, Karl Kraus – sie alle sind in meinem Salon geboren worden!«

Am Abend darauf saß ich mit Frank Wedekind und Friedrich Kühne an demselben Tisch. Ich erzählte, wie die Sandrock sich geäußert habe. »Lieber Herr Mühsam«, meinte Friedrich Kühne mild, »Sie haben Fräulein Sandrock mißverstanden. Sie hat ihre Bemerkung nicht wörtlich aufgefaßt wissen wollen; sie hat nur ausdrücken wollen, die Herren seien in ihrem Salon das geworden, was sie heute darstellen.« – »Nein, Herr Kühne«, versicherte ich, »das kann ich mir wirklich gar nicht denken.« Kühne aber beteuerte: »Glauben Sie mir doch – es kann sicherlich nur bildlich gemeint gewesen sein!« Wedekind aber entschied jetzt unsern Disput: »Herr Kühne«, sagte er ernst und nachdrücklich, »ich kenne Adele Sandrock seit einer Reihe von Jahrzehnten; die meint, was sie sagt!«

Des Rätsels Lösung

Wir sprachen von dem widerwärtigen Schicksal Edgar Degas', der mit fast achtzig Jahren, von Freunden kümmerlich unterhalten, in Paris lebe und mit ansehen müsse, wie seine Jugendwerke zu phantastischen Preisen verkauft würden und andere Leute zu Reichtum brächten. Der Münchner Korrespondent des »Berliner Tageblattes«, Joachim Friedenthal, dem ich durch Umstellung seiner Initialen zu seinem bekanntesten Pseudonym verholfen habe, versicherte mit der nasalen Aussprache, die die Unbestreitbarkeit seiner Informationen zu bekräftigen schien, Degas sei schon lange tot. Wir alle bestritten es, aber der polyglotte Journalist blieb bei seiner Behauptung. Als er vor Jahren in Paris gewesen sei, habe er den großen Maler selbst aufsuchen wollen und dadurch zuverlässig erfahren, daß er nicht mehr am Leben sei. Daß wir das nicht wüßten, sei ihm ein Rätsel.

»Die Sache erklärt sich ganz einfach«, meinte Harry Kahn, »der alte Degas hat eben seinem Concierge Bescheid gegeben: Wenn der Reporter Friedenthal noch mal nach mir fragt, sagen Sie ihm, ich bin gestorben!«

Seine Methode

Ich saß mit Peter Altenberg im Café Central in Wien. Nach einer Weile trat der außerordentlich reiche und als sehr geizig bekannte Bankier v. L. ein und setzte sich zu uns. Da P.A. deutlich genug erkennen ließ, daß er von der Bereicherung unsrer Gesellschaft gar nicht sonderlich erbaut war, bestellte Herr v. L. Sekt. Aber Peters Zorn brach trotzdem los: »Weil Sie uns Sekt bezahlen, bilden Sie sich jetzt ein, Sie wären unsre Würzen! Im Gegenteil! Wir sind Ihre Würzen! Sie kommen daher, um unsre Unterhaltung zu schinden – das ist es! Jedes Wort, das Sie von uns hören, ist hundertmal mehr wert als aller Sekt, den Sie uns überhaupt bezahlen können!« – »Gewiß«, sagte der Bankier höflich. »Ich sehe das vollständig ein; ich würde mich ja auch gern besser erkenntlich zeigen.« – »Das können Sie haben«, gab ich zurück. »Rücken Sie zwanzig Kronen raus, damit ist uns mehr geholfen als mit ein paar Gläsern Champagner!« – »Aber das ist doch nicht Ihr Ernst!« meinte der Millionär. »Natürlich ist das mein Ernst!« Und ich hielt die Hand hin. Zögernd kam die Brieftasche zum Vorschein. Zögernd und immer noch in der Hoffnung, ich werde das Geld nicht nehmen, langte Herr v. L. nacheinander zwei Zehnkronenscheine vor. Ich nahm sie in Empfang und reichte sofort einen über den Tisch: »Hier, Peter, das Geld haben wir uns redlich miteinander erworben. Das teilen wir.« – »Unter keinen Umständen nehme ich Ihnen das Geld ab«, erklärte P.A. »Das ist Ihr Geld. Sie haben Ihre Methode, und ich hab meine Methode!« Alles Zureden half nichts. Peter Altenberg blieb fest, und ich steckte die zwanzig Kronen ein.

Das Gespräch ging nun etwas lebhafter vonstatten, denn P.A. hatte sich sichtlich amüsiert, den Geizkragen »gewürzt« zu sehen. Nach vielleicht einer Stunde verließ Herr v. L. das Kaffeehaus. Aber kaum hatte er die Tür hinter sich zugemacht, da sagte Peter: »Wissen Sie, Mühsam, Sie können mir die zehn Kronen eigentlich doch geben!« – Das war seine Methode.

Die Anmeldung

Mein Freund Albert R. hat es dem Staat und der Kirche sein ganzes Leben lang bewiesen, daß er ihre Autorität weder anerkennt noch fürchtet. Der einzige Mensch, vor dem er je Respekt gehabt hat, ist seine übrigens engelsgute Frau, von der er daher nie anders als von seiner Regierung spricht.

Wir kamen spät in der Nacht von einer anarchistischen Gruppensitzung. Die Diskussion setzte sich auf der Straße fort, und als wir eine halbe Stunde vor Alberts Hause gestritten und gelärmt hatten, forderte er uns auf, mit hineinzukommen. Er betrieb damals eine kleine Gastwirtschaft, die aber schon stundenlang geschlossen war. Es wurde reichlich Getränk ins Wohnzimmer mitgenommen, und die Unterhaltung wurde unter alkoholischen Einflüssen immer lebhafter. Ein Genosse fuhrwerkte im Eifer des Gesprächs mit seinem Spazierstock in der Luft herum, und dabei geschah es, daß er in den schönen goldumrahmten Spiegel über dem Sofa hineingestikulierte. Es gab einen leichten Knall, und mitten in der Spiegelscheibe klaffte ein Riß. »Na, ich danke, meine Regierung!« sagte Albert bloß. Dann wurde ein Kriegsplan ersonnen, wie es ihr mit einer frommen Lüge begreiflich gemacht werden könnte, und die Debatte ging weiter.

Morgens um sechs Uhr saßen wir noch beisammen; da ging die Tür auf, und die Regierung trat ein. Mißbilligend sah sie auf die Schwadron geleerter Flaschen und wollte schon schweigend an ihre Hausarbeit gehn, da fiel ihr Blick auf den Spliß im Spiegel. Ein Donnerwetter brach los: »Wer hat das getan?« Niemand, versicherten wir. Um vier Uhr habe es plötzlich geknackst, und als wir aufblickten, sei der Spiegel kaputt gewesen. Es sei ganz von selbst passiert.

Alberts Frau stand den weltlichen und außerweltlichen Mächten nicht so respektlos gegenüber wie ihr Gatte. »Um Gottes willen!« schrie sie entsetzt. »Dann ist jemand gestorben und hat sich gemeldet!« Sie war ganz außer sich, und wir bemühten uns vergeblich, sie zu beruhigen, ohne ihr aber die Wahrheit einzugestehen. – Etwas beklommen zogen wir ab.

An diesem Vormittage erhielt Frau R. ein Telegramm mit der Nachricht, daß um vier Uhr nachts plötzlich ihre Mutter gestorben sei.

Alberts Regierung erzählt heute noch allen, die dem Übersinnlichen mißtrauen möchten, wie sich ihre eigene Mutter in der Todesnacht angemeldet habe; ihr Mann, der doch wahrhaftig nicht abergläubisch sei, müsse es selbst bestätigen. Dann sagt mein Freund Albert weder ja noch nein; er grunzt nur.

Was ist Wahrheit?

Ende August 1914. »Was sagen Sie zum ›Simplicissimus‹?« fragte ich wütend Frank Wedekind und zeigte ihm die neue Nummer, die von der ersten bis zur letzten Seite nichts als die tollsten Kriegshetzereien und die übelsten Schmähungen der gegnerischen Nationen enthielt. 270 »Diese schamlose Verleugnung aller Traditionen des Blattes! Diese Heuchelei! Jedes Wort ist doch eine innere Lüge!«

Wedekind grinste boshaft. »Sie täuschen sich, Herr Mühsam. Der ›Simplicissimus‹ lügt nicht. Dies ist seine wahre Meinung. Gelogen hat er die zwanzig Jahre vorher!«

Stammtisch-Eroberer

Es war die ekelhafte Zeit der ersten Kriegsmonate. Die hysterische Verrücktheit aller Bevölkerungsschichten hatte sich auch bis auf verschwindende Ausnahmen den Kreisen der Künstler und Dichter mitgeteilt, die sich selbst so gern als den geistig überlegenen Teil der Menschheit aufspielten.

Ich hatte mich daran gewöhnt, schweigend zuzuhören, wenn wieder mal die große patriotische Walze lief. So stand eines Abends in der Torggelstube die belgische Frage zur Erörterung. Der leider bald darauf verstorbene Anglist Professor Sieper stand mit seiner Meinung allein, daß die von Bethmann Hollweg selbst zugesicherte Rückgabe Belgiens nach dem Kriege eine Selbstverständlichkeit sein müsse. »Das wäre noch schöner!« schrien die andern und überboten einander in der Aufzählung politischer, militärischer, wirtschaftlicher, kultureller und moralischer Gründe, die die dauernde Einverleibung Belgiens ins Deutsche Reich zwingend erforderten. Als sich der nationale Lärm ein wenig gelegt hatte, nahm auch Frank Wedekind, der bis jetzt wie ich schweigend dabeigesessen hatte, bedächtig das Wort: »Ich bin freilich ebenfalls der Meinung, daß Belgien von Deutschland annektiert werden muß.« Ich war nun doch erbost und fragte gereizt: »Sie auch? Das überrascht mich denn doch stark.« – »Aber natürlich«, rief Wedekind. »Ich bitte Sie, wenn wir Belgien wieder herausgeben, sieht ja alle Welt, wie wir dort gehaust haben!« 271

Biographie

1878   *6. April:* Erich Mühsam wird in Berlin als Sohn eines Apothekers geboren. Er wächst in Lübeck auf, wo er das Katharineum besucht. Aufgrund von »sozialistischen Umtrieben« wird Mühsam der Schule verwiesen. Im mecklenburgischen Parchim macht er schließlich sein Abitur.
Auf Wunsch des Vaters absolviert Mühsam in Lübeck und Berlin eine Apothekerlehre. In Berlin widmet er sich zunehmend seinen schriftstellerischen Ambitionen und arbeitet seit der Jahrhundertwende als freier Journalist.

1901   Mühsam ist nun für verschiedene Zeitschriften als Redakteur tätig.

1904   Sein erster Gedichtband, »Die Wüste«, wird veröffentlicht.
Nach längeren Reisen nach Zürich, Ascona, Wien und Paris kommt Mühsam nach München, wo er sich der literarischen Boheme anschließt.

1905   Der Reisebericht »Ascona. Eine Broschüre« erscheint.

1911   Für die nächsten drei Jahre wird Mühsam Herausgeber der Monatsschrift »Kain. Zeitschrift für Menschenrecht«. Er verfasst alle Beiträge selbst.

1918   In Traunstein sitzt der Pazifist Mühsam wegen Kriegsdienstverweigerung eine sechs Monate lange Haftstrafe ab.
Zusammen mit Landauer und Ernst Toller gehört Mühsam zu den führenden Köpfen der Bayerischen Räterepublik. Nach deren Sturz wird er zu 15 Jahren Festungshaft in Niederschönenfeld verurteilt.

1924   Mühsam wird vorzeitig aus der Haft entlassen.

1926   Er wird Herausgeber der anarchistischen Zeitschrift »Fanal«.

1928   Das Drama »Staatsräson. Ein Denkmal für Sacco und Vanzetti « wird veröffentlicht. Mühsam widmet sich nun ganz dem Kampf gegen die unzulängliche Weimarer Republik und die Gefahren des Faschismus.

1933   In der Schrift »Die Befreiung der Gesellschaft vom Staat. Was ist kommunistischer Anarchismus?« äußert Mühsam seine politischen Ideen.
28. Februar: Am Tag des Reichstagsbrandes wird Mühsam

verhaftet.

1934   *10. Juli:* Nach 16 Monaten qualvoller Haft wird Mühsam im Konzentrationslager Oranienburg ermordet.

1949   Posthum wird Mühsams Autobiografie »Namen und Menschen. Unpolitische Erinnerungen« veröffentlicht.

Karl-Maria Guth (Hg.)

Erzählungen der Frühromantik

HOFENBERG

Karl-Maria Guth (Hg.)

Erzählungen der Hochromantik

HOFENBERG

Karl-Maria Guth (Hg.)

Erzählungen der Spätromantik

HOFENBERG

Erzählungen der Frühromantik

1799 schreibt Novalis seinen Heinrich von Ofterdingen und schafft mit der blauen Blume, nach der der Jüngling sich sehnt, das Symbol einer der wirkungsmächtigsten Epochen unseres Kulturkreises. Ricarda Huch wird dazu viel später bemerken: »Die blaue Blume ist aber das, was jeder sucht, ohne es selbst zu wissen, nenne man es nun Gott, Ewigkeit oder Liebe.«

Tieck Peter Lebrecht **Günderrode** Geschichte eines Braminen **Novalis** Heinrich von Ofterdingen **Schlegel** Lucinde **Jean Paul** Des Luftschiffers Giannozzo Seebuch **Novalis** Die Lehrlinge zu Sais
ISBN 978-3-8430-1878-4, 416 Seiten, 29,80 €

Erzählungen der Hochromantik

Zwischen 1804 und 1815 ist Heidelberg das intellektuelle Zentrum einer Bewegung, die sich von dort aus in der Welt verbreitet. Individuelles Erleben von Idylle und Harmonie, die Innerlichkeit der Seele sind die zentralen Themen der Hochromantik als Gegenbewegung zur von der Antike inspirierten Klassik und der vernunftgetriebenen Aufklärung.

Chamisso Adelberts Fabel **Jean Paul** Des Feldpredigers Schmelzle Reise nach Flätz **Brentano** Aus der Chronika eines fahrenden Schülers **Motte Fouqué** Undine **Arnim** Isabella von Ägypten **Chamisso** Peter Schlemihls wundersame Geschichte **Hoffmann** Der Sandmann **Hoffmann** Der goldne Topf
ISBN 978-3-8430-1879-1, 408 Seiten, 29,80 €

Erzählungen der Spätromantik

Im nach dem Wiener Kongress neugeordneten Europa entsteht seit 1815 große Literatur der Sehnsucht und der Melancholie. Die Schattenseiten der menschlichen Seele, Leidenschaft und die Hinwendung zum Religiösen sind die Themen der Spätromantik.

Brentano Die drei Nüsse **Brentano** Geschichte vom braven Kasperl und dem schönen Annerl **Hoffmann** Das steinerne Herz **Eichendorff** Das Marmorbild **Arnim** Die Majoratsherren **Hoffmann** Das Fräulein von Scuderi **Tieck** Die Gemälde **Hauff** Phantasien im Bremer Ratskeller **Hauff** Jud Süss **Eichendorff** Viel Lärmen um Nichts **Eichendorff** Die Glücksritter
ISBN 978-3-8430-1880-7, 440 Seiten, 29,80 €

Karl-Maria Guth (Hg.)

Erzählungen aus dem Biedermeier

HOFENBERG

Karl-Maria Guth (Hg.)

Erzählungen aus dem Biedermeier II

HOFENBERG

Karl-Maria Guth (Hg.)

Erzählungen aus dem Biedermeier III

HOFENBERG

Erzählungen aus dem Biedermeier

Biedermeier - das klingt in heutigen Ohren nach langweiligem Spießertum, nach geschmacklosen rosa Teetässchen in Wohnzimmern, die aussehen wie Puppenstuben und in denen es irgendwie nach »Omma« riecht.

Zu Recht. Aber nicht nur.

Biedermeier ist auch die Zeit einer zarten Literatur der Flucht ins Idyll, des Rückzuges ins private Glück und der Tugenden. Die Menschen im Europa nach Napoleon hatten die Nase voll von großen neuen Ideen, das aufstrebende Bürgertum forderte und entwickelte eine eigene Kunst und Kultur für sich, die unabhängig von feudaler Großmannssucht bestehen sollte.

Georg Büchner Lenz **Karl Gutzkow** Wally, die Zweiflerin **Annette von Droste-Hülshoff** Die Judenbuche **Friedrich Hebbel** Matteo **Jeremias Gotthelf** Elsi, die seltsame Magd **Georg Weerth** Fragment eines Romans **Franz Grillparzer** Der arme Spielmann **Eduard Mörike** Mozart auf der Reise nach Prag **Berthold Auerbach** Der Viereckig oder die amerikanische Kiste

ISBN 978-3-8430-1884-5, 444 Seiten, 29,80 €

Erzählungen aus dem Biedermeier II

Annette von Droste-Hülshoff Ledwina **Franz Grillparzer** Das Kloster bei Sendomir **Friedrich Hebbel** Schnock **Eduard Mörike** Der Schatz **Georg Weerth** Leben und Taten des berühmten Ritters Schnapphahnski **Jeremias Gotthelf** Das Erdbeerimareili **Berthold Auerbach** Lucifer

ISBN 978-3-8430-1885-2, 440 Seiten, 29,80 €

Erzählungen aus dem Biedermeier III

Eduard Mörike Lucie Gelmeroth **Annette von Droste-Hülshoff** Westfälische Schilderungen **Annette von Droste-Hülshoff** Bei uns zulande auf dem Lande **Berthold Auerbach** Brosi und Moni **Jeremias Gotthelf** Die schwarze Spinne **Friedrich Hebbel** Anna **Friedrich Hebbel** Die Kuh **Jeremias Gotthelf** Barthli der Korber **Berthold Auerbach** Barfüßele

ISBN 978-3-8430-1886-9, 452 Seiten, 29,80 €